인도는 그랬었지

인도는 그랬었지

발행일	2021년 1월 25일

지은이	이준학		
펴낸이	손형국		
펴낸곳	(주)북랩		
편집인	선일영	편집	정두철, 윤성아, 최승헌, 배진용, 이예지
디자인	이현수, 한수희, 김민하, 김윤주, 허지혜	제작	박기성, 황동현, 구성우, 권태련
마케팅	김회란, 박진관		
출판등록	2004. 12. 1(제2012-000051호)		
주소	서울특별시 금천구 가산디지털 1로 168, 우림라이온스밸리 B동 B113~114호, C동 B101호		
홈페이지	www.book.co.kr		
전화번호	(02)2026-5777	팩스	(02)2026-5747

ISBN	979-11-6539-497-4 03910 (종이책)	979-11-6539-498-1 05910 (전자책)

이준학 여행기

인도는 그랬었지

양날의 검처럼 이면이 공존하는
천의 얼굴을 가진 나라 인도.
한번 빠지면 답도 없다는 인도에 빠져
다섯 번이나 그곳을 다녀온 한 청춘의
인도 사랑 이야기.

북랩 **book** Lab

Prologue

___

그냥 보고 싶었다.

첫 여행지를 인도로 정한 계기,

다섯 번이나 갔다 온 이유를 물어본다면 나의 대답이다.

깨달음을 찾기엔 너무 어렸고, 전생도 믿지 않는 나에게 깨달음과 삶과 죽음은

너무 어려운 얘기였다.

스치듯 본 영화의 한 장소를 직접 보고 싶어서, 사진으로만 보던 유적지들을

직접 보고 싶어서, 친구들을 그냥 보고 싶어서 갔다.

신기한 게 가면 갈수록 아쉬웠다.

그땐 여기를 못 갔는데, 저기 유적지가 또 있는데, 이 친구를 못 만났지…….

그러다 보니 다섯 번이 되어 있었다.

차례

Part 2

인도에서 살며, 여행하며

Part 3

다시, 겨울의 인도

Part 4

어린 시절의 꿈

Part 5

마지막 이야기들

Part 1

인연의 시작

인생을 바꾼 영화

인도를 모르는 사람은 아마 없을 것이다. 중학교 교과서에 묘사된 인도는 카레를 주식으로 하는 타지마할의 나라이다. 간다나 무굴 제국까지 기억하면 세계사 교과서 좀 열심히 읽은 사람일 것이다.

나도 그 부류였다. 그때 나에게 인도는 '아시아에 있는 카레를 먹는 나라' 그 이상도 이하도 아니었다. 이런 무관심은 중학교 3학년 때, 선생님이 보여준 영화 〈세 얼간이〉를 보고 깨지게 된다. 말 그대로 신선한 충격이었다.

처음 보는 인도 영화지만 스토리는 나를 완전히 사로잡았다. 결정적으로 엔딩 신에 나오는 판공초 호수의 풍경은 영화가 끝난 후에도 머릿속에 여운처럼 각인되었다.

그때 다짐했다. 언젠가 저곳을 직접 보리라고.

만약 그때 선생님이 그 영화를 보여주지 않으셨다면, 혹은 평소처럼 책상 위에서 퍼질러 잤다면 '지금의 나는 어땠을까'라는 생각이 든다. 그 정도로 이 영화는 내 인생을 완전히 새로운 면으로 바꿔놓았다.

한 편의 영화로 시작된 인도에 대한 관심은 그 나라의 언어인 힌디어에 대한 관심으로 이어졌다. 힌디어책을 사서 처음 보는 글자와 씨름하며 하나하나씩 썼던 기억이 난다.

책으로만 하는 공부에는 한계가 있어서 서울에서 열리는 인도인 행사란 행사는 모조리 찾아다녔다. 인도인들만 보면 몇 마디라도 힌디어로 말하려 애썼고 자연히 인도인 친구들도 생겼다. 그들과 주말에 서울 이곳저곳을 놀러 다니며 고등학교 생활을 보냈다.

이 짓을 3년 동안 계속했다. 처음에 그림 같던 힌디어는 인도인들과 원활한 대화가 될 정도로 늘었다. 인도에 사는 친구들을 만드는 데는 펜팔이 아닌 페이스북을 이용했다. 그 친구들은 내가 인도에 꼭 가기로 마음먹은 또 다른 동기였다.

준비, 그리고 도착

2015년 11월, 수능을 보는 둥 마는 둥 하고 나왔다. 휴대전화 화면
에는 인도로 떠날 D-day가 선명하게 보인다. 고등학교 3학년, 남들
은 한창 공부할 때 혼자 아르바이트해서 모은 돈으로 산 티켓이다.

어느새 2016년이 되었고 나는 고등학교를 졸업했다. 그토록 기다
리던 출국일은 일주일 뒤로 다가왔다. 생애 처음 가보는 외국인 데
다 혼자였으니 설렘과 긴장감은 정점을 찍었다.

그 나라, 실제로는 어떨까? 혼자 살아 돌아올 수 있을까?

2016년 2월 10일, 4년째 기다리던 그 날이 되었다. 3일 전부터 잠
이 안 와서 출국일 하루 전인 2월 9일에 인천공항으로 달려가 노숙
을 했다. 걱정과는 달리 여권과 티켓에는 아무 문제가 없었고 환승
지인 방콕까지 무사히 도착했다. 방콕을 경유해 인도 델리로 향하

는 비행기 안에서 심장이 미친 듯이 뛰기 시작했다.

세 시간쯤 날았을까, 창밖으로 해가 떨어져 하늘은 황금빛으로 물들었고 밑으로는 흐릿하게 반짝이는 길들이 보이기 시작했다. 드디어 인도 본토에 들어온 것이다.

해가 떨어진 밤에 뉴델리 국제공항에 내렸다. 코끝에 느껴지는 특이한 냄새, 사람들의 외모도 다르고 한국어가 아닌 힌디어가 들린다. 인도 땅에 왔다는 실감이 나기 시작했다.

입국 심사를 마치고 나왔다. 근데 어디로 가야 하지?

서울의 인도 축제에서 만난 친구 무스칸의 부모님과 드라이버가 마중을 나온다고 했는데 공항 어디에 있는지 모르겠다. 게다가 인도 초행자를 상대로 설치는 사기꾼들 이야기를 하도 많이 들었던 터라 엄청나게 긴장이 되었다. 몇 분간 머뭇거리다 앞에 서 있는 깔끔하게 생긴 5명의 남자들에게 말을 걸었다. 한국에서 3년간 공부한 힌디어는 실전에서 빛을 발할까?

"당신의 전화를 좀 사용해도 될까요?"

"당연하지, 어디서 왔어?"

"한국에서 왔어요."

대화가 통하다니, 성공이다. 전화를 받아들고 무스칸이 아침에 보내 준 번호를 누르니 드라이버와 통화가 되었다. 옆에 있던 남자가 뭐라 뭐라 설명을 하니 그들은 바로 내가 있는 곳으로 찾아왔다. 인사를 나누고 우리는 주차된 차를 타고 델리 도심으로 나왔다. 밤안개가 하얗게 깔렸고 뭔가 타는 냄새가 났다. 한국에서는 맡아본 적 없는 냄새다.

드디어 인도 땅에 들어왔다.

3

어둠의 도시
- Delhi

어둠이 깔린 델리의 도로는 혼잡했다.

형형색색의 트럭들 뒤에는 힌디어로 '운이 좋으면 다음에 다시 만나자', '하리야나 만세!', '나쁜 시선을 가진 사람은 마음도 까맣다'라는 글들이 어지럽게 쓰여 있다. 트럭 짐칸에 앉아서 가는 사람들, 버스를 기다리며 길에 서 있는 인파들, 그리고 오토바이의 행렬. 전부 처음 보는 풍경이다. 조금 더 달리자 힌디어로 쓰인 큰 표지판이 보였다.

> "ग़ाज़ियाबाद में आपका स्वागत है
> (가지아바드에 오신 것을 환영합니다)!"

델리 옆에 있는 위성도시 가지아바드. 무스칸의 집이 있는 곳이다. 어둠은 더욱 깊어졌고 길거리의 사람들은 삼삼오오 모닥불을 피우기 시작했다. 그 주변엔 들개들도 몰려들었다.

겁이 났다. 이 낯선 나라에서 두 달을 어떻게 버틸지 걱정이 되기 시작했다. 차 밖은 혼자 나갈 수 없는 세상 같았고 처음 보는 풍경들과 번뜩이는 인도인들의 눈빛을 정면으로 바라볼 용기가 나지 않았다.

밤이 깊은 시각 무스칸의 집에 도착했다. 문을 여는데 개 두 마리

인도는 그랬었지

가 다가와 깜짝 놀라서 다시 문을 닫았다. 드라이버는 피식 웃더니 이렇게 말했다.

"개가 무서워요? 이런 길거리 개들은 아무것도 아니에요."

그가 발길질을 하니 개들은 도망갔고 우린 무스칸의 부모님과 함께 위로 올라갔다.

인도의 집은 난방이 되지 않아서 매우 춥다. 방에 누워서 와이파이를 연결하니 30통이 넘는 메시지와 보이스톡이 와 있다. 처음 혼자 가는 해외여행이니 부모님이 얼마나 걱정하셨을지 이해가 간다. 집에 전화해서 인도에 잘 도착했다고 하고 인도 친구들한테는 델리에 왔다고 문자를 했다.

낯선 침대의 촉감, 다른 공기, 새로운 이불의 냄새.

이런저런 생각이 꼬리에 꼬리를 물고 늘어졌고 '두 달 일정으로 온 것이 잘한 일인가?'라는 생각이 끊임없이 들었다.

"에라 모르겠다. 남자가 칼을 뽑았으면 닭이라도 잡아야지, 여기까지 와서 무섭다고 내일 당장 돌아갈 수는 없지 않은가?"

결국 눈에 안대를 쓰고 나서야 잠이 들었다. 어딘가 쓸 곳이 있을 거라고 안대를 챙겨 가라던 엄마의 말은 틀리지 않았다.

위험한 드라이버
- Delhi

'샤룩 칸'이라고 하면 모든 사람들이 인도의 유명 영화배우를 떠올리지만 나는 그 이름을 들으면 떠오르는 또 다른 사람이 있다.

2016년 2월 11일, 인도에서의 첫 아침이 밝았고 밖으로 나갈 준비를 했다. 내려가 보니 어제 그 운전사가 차를 닦고 있었고 무스칸의 어머니는 직접 도시락까지 싸주시며 조심히 다녀오라고 신신당부를 하셨다.

"절대 긴장의 끈을 놓으면 안 돼, 델리의 다른 이름이 루테라(강도)야!"

나라가 달라도 엄마들의 마음은 다들 똑같다. 무스칸 어머니의 눈빛과 목소리엔 진심으로 걱정하는 마음이 묻어 나왔다. 인도에 오기 전부터 델리에서 일어나는 사기를 조심하라고 골백번은 들어왔다. 이쯤 되면 대체 델리가 어떤 곳이길래 사람들마다 이렇게 경고를 하는지 궁금해졌다.

운전사는 나를 뒷자리에 태우고 차를 출발시켰다. 처음으로 그와 얘기를 해볼 기회가 생겼다.

"당신 이름이 뭐예요?"

"나, 샤룩 칸!"

샤룩 칸은 인도 최고 영화배우의 이름이다. 처음엔 이 친구가 거

인도는 그랬었지

짓말을 하나 생각했는데 면허증을 보니 진짜 이름이 맞다.

"사투리가 심한데, 고향이 어디에요?"

"요 옆에 불란드세헤르라고 있는데 거기서 왔소. 무스칸에게 당신 얘기는 많이 들었습니다. 델리, 노이다, 구르가온, 가지아바드……. 말씀만 하쇼, 내가 다 구경시켜 주리다. 그러고 보니 당신은 이름이 뭐요?"

"나는 준학, 준학 리."

"아, 주네드(Junaid)~, 그럼 주네드 바이[1]라고 부르겠소"

"아니, 주네드가 아니라 준학…… 준-학인데……."

샤룩은 내 말이 끝나기도 전에 경적을 울렸고 그때부터 나는 주네드 바이라고 불리게 되었다.

우리 차는 거주지를 벗어나 델리로 가는 고속도로에 진입했다. 교복을 입고 삼삼오오 학교에 가는 아이들, 릭샤를 기다리는 수많은 인파, 릭샤에 매달려 가는 사람들, 괭이와 낫을 들고 지나다니는 노동자들까지……. 처음 보는 낯선 풍경이 신기하지만 무섭기도 했다.

게다가 샤룩의 운전은 가뜩이나 터질 듯한 불안감을 더더욱 가중시켰다. 중앙선은 도로 장식인 듯 핸들을 이리저리 꺾고 절대 천천히 브레이크를 밟는 법이 없다. 앞차와의 거리가 30㎝ 정도 남았을 때 급브레이크를 밟으면 경쾌한 '끼이익' 소리와 함께 내 몸이 앞으로 쏠린다. 참다못해 운전 좀 조심히 하라고 했더니 샤룩은 너털웃음을 내며 대답했다.

---

1) 형제를 뜻하는 힌디어.

인도는 그랬었지

"아무 문제 없어요. 내가 8년째 차를 이렇게 운전하고 있는데 지금까지 문제가 생긴 적이 없습니다!"

그래, 내가 졌다. 근데 한국에 살아 돌아갈 수는 있을까?

한 시간 후에 우리는 첫 번째 목적지인 꾸뜹 미나르에 도착했다. 북인도에 최초로 이슬람 왕조를 세운 '꾸뜹 웃 딘 아이박' 장군이 건설한 이 이슬람 사원은 당시 델리의 힌두교 사원들을 부순 돌들로 만들었다고 한다.

안으로 들어가니 사람들이 엄청나게 많았다. 인파를 헤치고 더 걸어가니 저 앞에 웅장하게 솟은 꾸뜹 미나르가 보였다. 3년 내내 가이드북 사진에서만 보던 곳을 실제로 오게 되다니!

가까이 가서 유적지의 돌을 손으로 만져봤다. 800년 전에 만들어진 건축물은 그동안 수많은 왕조의 흥망성쇠를 보았을 것이다. 뜨거운 돌의 촉감이 느껴졌고 그날들의 무게가 손끝을 타고 스며들었다.

유적지의 높은 언덕으로 올라가서 사람들을 구경했다. 셀카 찍기에 열중하고 있는 인도 학생들, 서양인 관광객들, 머리에 기름 바른 인도 아저씨들, 스키니진을 입고 선글라스로 한껏 멋을 낸 델리 여자들. 저마다 사진 찍기와 대화에 열심이었고 그들의 웃음소리가 모여 유적지의 분위기는 더 밝아졌다.

밖으로 나온 우리는 차에서 무스칸의 어머니가 싸준 도시락을 먹었다. 촐레²⁾를 볶아 만든 매콤한 커리와 버터 바른 따끈따끈한 로띠³⁾는 입에서 살살 녹았다.

샤룩이 이제 어디로 가고 싶냐고 물었다. 당시 나는 델리 지리에 대한 정보가 없어서 한참을 생각한 끝에 말했다.

"당신이 아는 여기서 가장 가까운, 뭔가 볼거리가 있는 곳으로 가 주세요."

샤룩은 '그 정도쯤이야'라는 표정으로 능숙하게 시동을 켜고 차를 뺐다. 어디로 가냐는 나의 물음에도 그는 좋은 곳이니 도착하면 알게 된다고만 했다.

차는 델리의 고속도로를 쭉쭉 달리다가 어느 골목으로 방향을 틀었다. 골목 안에는 지금까지와 전혀 다른 풍경이 펼쳐졌다. 좁은 길, 과자와 담배들을 가득 진열해 놓고 파는 구멍가게, 따닥따닥 붙은 작은 집들. 여긴 대체 어디란 말인가?

머리 위로 '차따르푸르 마을에 오신 것을 환영합니다'라는 간판이 보였다. 지명은 알게 되었는데 이 친구가 대체 여기로 나를 왜 데려온 건지 오만 가지 생각이 들었다. 차는 어느 허름한 집 앞에서 멈췄다. 과일 장수 혼자만이 그 자리를 지키고 있었다.

---

2) 인도 요리에 사용되는 큰 콩.
3) 인도에서 즐겨 먹는 납작한 빵.

　　　　　　　　　　　인도는 그랬었지

"따라오세요."

샤룩을 따라 집 안으로 들어가니 아이들 여섯 명이 뛰어나왔다. 아이들은 처음 보는 외국인이 신기했는지 내게 이것저것을 물어봤다.

"바이야(오빠), 이름이 뭐예요?"

"어디서 왔어요?"

"바이야는 왜 이렇게 피부가 하얘요?"

그 광경을 지켜보던 샤룩은 옆에서 피식 웃더니 자기 친척들이라고 했다. 아이들은 내가 걸고 있는 카메라를 발견하고 같이 사진을 찍자고 졸랐고 그 자리에서 사진 열 장 이상을 찍었다. 화면을 보여주니 서로의 얼굴을 가리키며 얘기하느라 바빠진다.

샤룩이 안내한 집으로 들어가 봤다. 난방이 전혀 되지 않아서 매우 싸늘했고 간이침대 외에는 변변한 살림살이도 없었다. 천장에 희미하게 빛나는 하얀색 전구는 가뜩이나 차가운 방의 분위기를 더 우울하게 만들었다.

"샤룩, 너는 이 집에서 살아?"

"여긴 우리 형들이나 친척들이 살고 나도 가끔 와서 자고 가."

"형들은 지금 어디 있어?"

"다 릭샤 운전하러 나갔지, 우리 집 남자들은 대부분 운전 일을 해."

한국에 돌아와서 무스칸을 통해 알게 된 사실은 샤룩은 매우 가난한 집안 출신으로 정말 어렸을 때부터 이런저런 차를 운전하며 돈을 벌었단다. 외모와 달리 나이도 나와 같거나 크게 차이가 없었다(인도의 시골에서는 정확한 나이를 모르는 사람들이 많다).

그는 꾸뜹 미나르 외에도 내가 델리에 머무는 일주일 동안 나를 태우고 악샤르담, 후마윤의 무덤, 구르가온, 하우즈 카스 같은 모든 명소를 같이 다녔다. 그의 차 뒷자리에 앉아 있으면 항상 긴장이 되었다. 사방에서 울리는 경적에 급정거와 급출발은 기본, 횡단 보도가 없어서 길 한복판에 뛰어드는 사람들을 보면 심장이 쫄깃 해졌다.

헤어지기 이틀 전 우리는 델리 이슬람 유산의 상징인 붉은 성에 갔다. 무굴 제국의 샤 자한 시대에 델리 중심부에 건축된 성이다. 델리 최고의 유적지답게 거리는 말할 수 없이 복잡했고 소와 개, 오 토바이, 보행자, 자동차들이 사방에서 쏟아져 들어와 혼돈의 카오 스를 만들어냈다.

중간에 어떤 수레가 우리 차 앞으로 밀고 들어왔는데 샤룩은 바 로 창문을 열고 투박한 사투리로 뭐라 뭐라 소리를 질렀다. 수레를 끄는 아저씨도 질세라 힌디어로 욕을 하며 그에 응수했다. 나는 아 주 졸려서 뒷자리에 가만히 앉아만 있었고 일부 욕들만 알아들을 수 있었다.

붉은 성 입구에 도착해서 나는 또 샤룩한테 한마디 했다.

"아니, 그렇게 아무한테나 막 욕하면 뒷감당은 어떻게 하려고 그래?"

"걱정하지 마시오. 나 불란드셰헤르 출신이오. 누구든 오기만 하 면 아주 그냥 '개 박살'을 내 주리라."

"아무리 그래도 그렇지, 다음부터는 아무한테나 욕 좀 하지 마."

그는 대답 대신 또 특유의 너털웃음을 지었다. 참 신기한 친구다.

그와의 인연은 거기서 끝을 맺었다. 델리를 떠나는 날, 라자스탄 으로 가는 버스에 타기 전 짧은 대화가 오갔다.

"나는 이제 라자스탄으로 떠나고, 너는 어디로 갈 거야?"

"아마 벵갈루루에 갈 거요. 트럭 운전하러. 연락 잊지 마슈."

인도는 그랬었지

그 뒤로 몇 번 그와 통화를 했고 전화를 받을 때마다 있는 도시가 달랐다. 2016년 7월의 통화를 끝으로 번호를 바꿨는지 더 이상 연락이 되지 않았다. 여행 중 만나는 대부분의 인연이 이렇게 끝난다. 지금쯤 그는 차나 트럭을 운전하며 인도 전역을 돌고 있겠지.

5
다바

다바(Dhaba)는 길거리 식당을 말한다. 한국의 휴게소 같은 개념인데 펀자브 지역의 트럭 운전사들을 위해 고속도로에서 간단한 식사와 잠잘 곳을 제공하는 시스템이 인도 전역에 퍼진 것으로 본다. 그들의 거친 성격을 반영하듯 식당 내부는 투박하다.

샤룩과 델리를 구경하고 집으로 돌아가던 중 배가 고파졌다. 하필 시내를 벗어나 주위에 식당은 보이지 않는다. 배가 고프다고 하니 샤룩은 샛길로 들어가 어느 곳에 차를 세웠다.

다바의 첫인상은 식당보다는 거대한 공영 주차장에 가까웠다. 아무렇게나 세워진 트럭들, 버스들, 자동차들. 안으로 들어가니 한없이 거칠어 보이는 사내들이 모여 밥을 먹고 있다. '아~ 식당이구나.' 그런데 음? 바닥이 없다. 그냥 도로에 보이는 흙과 자갈 위에 세워진 식당. 시선을 돌리니 간이침대에 널브러져 자고 있는 운전자들이 보였다.

목에 수건을 두른 직원이 와서 주문을 받았다. 버터 치킨을 주문하고 기다리길 20분, 직원은 물 대신 짜이를 갖다주었다. 가루를 많이 넣었는지 강한 맛이 올라왔다. 10분을 더 기다린 후에 거대한 쇠그릇에 담긴 요리가 나왔다.

치킨 덩어리에 로띠를 쌌더니 다리 하나가 쑥 딸려온다. 먹기 좋게 잘라서 넣어주는 도시의 식당과는 크기부터가 달랐다. 뜨거운 로띠에 치킨을 말아 입에 넣자마자 전해지는 향신료의 맛들, 향기들.

　도시의 레스토랑에서 먹는 커리는 향신료를 정제해 부드럽고 깔끔한 맛을 낸다. 반면에 다바 커리는 이곳을 찾는 사람들처럼 육중하고 투박했다. 걸쭉한 그래비에 날것 그대로 전해지는 향신료의 맛에 눈이 아려온다. 묘하게 빠져드는 맛에 접시를 비웠을 때는 얼굴이 빨개지고 코가 엉망이 되어 있었다. 나와 달리 샤룩은 콧물 한 방울 흘리지 않고 접시를 비웠다.

　인도의 트럭 운전사들은 한 번에 1,000㎞가 넘는 길을 운전하는 일이 흔하다. 졸음을 쫓기 위해 그들이 먹는 음식은 큰 고깃덩어리와 강력한 매운맛이 요구된다. 고정된 주소 없이 떠도는 그들에게 잠자리가 좀 더럽거나 시끄러운 건 문제가 되지 않는다. 트럭과 삶의 무게를 짊어진 그들이 널브러져 자는 모습을 보고 복잡한 감정이 들었다. 다바는 그들의 피로를 잠시나마 떨쳐낼 수 있는 유일한 장소다.

　가끔 그 투박한 맛이 그리워 대도시의 식당을 기웃거렸지만 찾을 수 없었다. 사무실에 앉아서 일하는 도시민들을 상대하는 식당과 짐을 싣고 수천 킬로미터를 오가는 사람들을 상대하는 식당의 맛이 같을 리 없다. 직업에 따라 나뉜 먹는 공간. 가끔 지칠 때면 거친 향신료 향이 그리워진다.

내 사랑 델리
- Delhi

　인도를 여행한 사람들은 각자 제일 좋았던 도시가 있기 마련이다. 내가 가장 좋아하고, 그립고, 사랑하는 인도의 도시는 수도 델리다.

　2016년부터 19년까지 인도를 다섯 번 방문했고 델리는 스무 번 이상 방문했다. 유학생 시절 인도 일주를 할 때도 델리는 코스마다 빠지지 않고 들어갔다.

　인도의 얼굴인 델리는 첫인상이 좋았고 내가 인도에 대해 상상했던 모든 모습을 가지고 있다. 오래된 듯하면서 세련되었고 혼잡한 듯 편리하다. 전통 인도의 맛과 서양 음식뿐만 아니라 향신료에 지칠 때면 한국 음식도 쉽게 찾을 수 있다. 길을 걷다가 인도의 더위에 지치면 가까운 카페에 가서 더위를 식힐 수 있다. 수백 년 된 유적지들과 클럽들이 공존하는 도시. 그곳은 델리다.

인도에서 맞는 첫 번째 토요일. 델리에 사는 친구 시마와 파리 자매, 자그리티, 프레르나와 같이 후마윤의 묘에 갔다. 페이스북에서 알게 된, 한국 노래와 드라마를 좋아하는 친구들이다.

입구로 들어가니 붉은색의 거대한 무덤이 보였다. 무굴 제국의 왕비였던 하지 베굼이 남편 후마윤을 위해 건축했다는 곳. 500년 이상이 흘렀지만 돌들은 원래의 색을 잃지 않았고 보존 상태도 완벽했다. 꿈에 그리던 곳을 실제로 봤을 때의 느낌이란! 가 보기 전까지는 절대 알 수 없다.

무덤 앞의 분수에서 사진을 몇 장 찍고 드넓은 잔디밭에 누웠다. 2월의 인도는 날씨가 적당히 선선한 게 좋다. 눈 위로 펼쳐지는 드넓은 하늘, 흘러가는 구름까지 완벽한 델리의 주말. 친구들은 이런 나를 보고 킥킥대며 웃더니 옆구리를 찌르며 물어봤다.

"야, 행복하냐?"

"응. 너무, 너무 행복해."

"우리도 빨리 한국에 가서 이런 기분 느껴보고 싶다."

"오게 될 거야, 꼭."

하얀색 돔 위로 하얀 구름들이 바람에 휘날려 갔다. 4년간의 꿈이 이루어진, 내가 지금 인도에 있다는 기분을 느끼고자 최대한 오래 누워 있었다.

그날 저녁 나는 델리의 다른 모습을 보았다. 현대적인 델리의 모습을 보고 싶다는 나에게 프레르나가 추천해준 곳은 사켓. 델리를 대표하는 초현대적 쇼핑몰이라는데 지금껏 생각하고 있던 인도에 대한 이미지를 박살 낼 수 있는 곳이라고 했다.

가는 길은 쉽지 않았다. 토요일 저녁이라 교통체증은 상상을 초월했고 심심하면 차 앞으로 튀어나오는 사람들은 아무리 봐도 적응이 안 된다. 잠시 후, 길 오른편에 등장한 사켓 쇼핑몰은 그 위세가 어마어마했다. 눈이 돌아갈 정도로 화려한 건물과 조명들은 순간 여기가 인도가 아닌 것 같은 착각을 일으켰다.

그 내부는 밖에서 보이는 것보다 몇 배 이상은 화려했으니, 나무에 매달아 놓은 장식들과 분수들, 잔잔히 흘러나오는 음악까지. 21세기로 도약하는 인도의 발전된 모습을 보여주는 각축장이다.

이곳에 오는 사람들도 범상치 않다. 타이트한 청바지와 미니스커트를 입은 섹시한 인도 여자들과 앞머리를 한껏 올리고 가죽 재킷을 입은 델리 청년들은 최신 휴대폰으로 셀카를 찍는 데 여념이 없다. 낮에 봤던 500년 전의 유적지와는 완전히 다른 풍경이다.

하우즈 카스(Hauz khas). 1284년에 델리 술탄 알라웃딘 킬지에 의해 지어진 성채이며 그 앞에는 커다란 호수가 있다.

보통 건축물들은 지어진 지 수백 년 이상이 지나면 원래의 의미를 잃고 버려지거나 잊히곤 하는데 이 하우즈 카스는 예외다. 거주지 사이에 자기 자리를 조용히 지키고 있다. 델리 시민들도 원래의 목적과는 다르지만 아직도 이곳을 이용한다.

2016년 2월의 어느 날, 친구 네하는 나를 이곳으로 데려왔다. 술과 파티를 좋아하는 델리 여자인 네하. 최신 카페와 세련된 레스토랑이 가득 들어선 하우즈 카스의 거리는 서울의 홍대를 연상시켰다.

조금 더 걸어가니 800년 전의 성채가 나왔다. 이렇게 세련되고 모던한 거리에 갑자기 등장한 과거의 유적지는 전혀 어색하지 않았다.

커플들은 성채 구석구석에 앉아서 데이트를 즐기고 DSLR 카메라를 든 사진작가들은 모델의 사진을 찍는 데 바쁘다. 성 밑에 보이는 호수는 운동을 하러 나온 델리 시민들로 가득했다.

과거의 것을 지키고, 필요에 따라 사용하기도 하는 인도 사람들. 웅장함보다는 인간미가 느껴지는 유적지이다.

고즈넉한 하우즈 카스는 해가 지면 모습을 바꾼다. 어두운 저녁, 길 위에 현란한 네온사인이 비친다. 델리에서 술집과 클럽들이 가장 많이 모여 있는 장소가 이곳이다. 시끄럽게 울리는 음악 속에서 자기 클럽에 오라고 유혹하는 삐끼들, 사리에서 미니스커트로 갈아입은 델리 여자들. 시각적인 자극과 청각적인 자극을 동시에 느낄 수 있다.

인도는 그랬었지

아무 삐끼나 잡고 한 클럽에 들어가 보라. 하우즈 카스까지 와 놓고 클럽에서 춤을 추지 않으면 몸이 간지럽다. 늦은 오후에 아무 친구나 불러 성채에 앉아 '멍 때리다가' 해가 떨어지면 클럽을 탐색해 일곱 시에 입장. 맥주 몇 병을 주문하고 서로 이런저런 대화를 나누다 보면 무대는 서서히 달아오른다. 아홉 시에 시작되는 댄스 타임, 친구와 모르는 사람들과 한데 어우러져 빠른 인도음악에 맞춰 땀이 빠지게 춤을 춘다. 허리를 더 흔들어라! 모두 다 함께! 오늘 밤, 술과 음악에 취해 자신을 잃어버릴 정도로 춤을 춰보는 거다.

그렇게 광란의 밤을 보내고 빠하르간지의 숙소에 처박혀 다음 날 아침 일어나면 지하철을 타고 코넛 플레이스로 간다. 빠하르간지에서 멀지도 않고 카페도 많아 심심할 때 지하철 타고 가기에 딱 좋은 곳이다.

라지브 초크 역에서 내려 A 블록으로 향한다. 라왓의 손에 이끌려 생애 처음 가본 스타벅스가 있는 곳이다(나는 스타벅스를 인도에서 처음 가봤다). 커피를 시키고 앉아서 창밖을 보거나 다른 사람들을 구경한다. 뭔가 중요한 미팅을 하는 사람들, 커플들, 토론하는 학생들, 가끔 보이는 한국인에 외국인 여행자들까지 다양한 사람들이 한데 모여 있다.

이게 델리다. 많은 여행자들이 빠하르간지와 뉴델리 기차역 그 이상을 벗어나지 못하고 델리를 경험하지 못하는 것 같아서 안타깝다. 인도 여행은 저예산으로만, 릭샤만 타고 다니며 빠하르간지에서 사기를 당해 가면서만 해야 하는 것이 아니다.

오래된 유적지와 초현대적 클럽이 공존하는 하우즈 카스의 거리를 걸어 보시라.

릭샤 홍정에 지치면 편리한 델리의 지하철을 타 보시라.

길거리 짜이에 지치면 스타벅스의 커피도 한번 시도해 보시라.

계속 따라붙는 호객꾼과 거지에 지쳤다면 사켓의 쇼핑몰에 한번
가 보시라.

완전히 다른 수많은 모습들이 한데 공존하는 델리, 그곳에 익숙
해지면 그저 사람들 구경하는 것도 재밌다.

인도는 그랬었지

알와르, 나는 어디로 온 것이냐?
- Alwar

'덜컹덜컹.'

나는 지금 라자스탄의 알와르로 가는 허름한 공용버스에 앉아 있다. 델리에서의 일정을 마치고 라자스탄 여행을 위한 첫 번째 관문으로 택한 도시다. 델리가 너무 좋았지만 두 달 동안 그곳에만 있을 수는 없기 때문에 미루고 미루다 결국 떠날 날이 왔다.

샤룩은 말이 많은 친구지만 그날따라 말이 없었다. 정류장에 도착해 나는 차에서 내렸다. 내리기 전 샤룩과 짤막한 대화가 오갔다.

"일주일 동안 재밌었어, 내가 델리 돌아오면 꼭 다시 만나자."

"다시 만날 수 있을지 모르겠네. 트럭 운전하러 벵갈루루에 갈 수도 있거든."

그렇다. 그는 일거리가 있는 곳이라면 어디든 가야 할 운명이다.

내가 버스에 앉은 것을 확인하고 나서야 무스칸의 어머니는 한숨을 돌렸다. 이윽고 버스가 출발했고 움직이는 창문 너머로 둘의 모습이 멀어져 갔다.

이제 혼자가 되었다. 델리에서는 어디를 가나 샤룩이 동행했고 친구들도 있었다. 하지만 알와르에는 아는 사람도 없고 숙소에 대한 정보도 없었다. '도착하면 어떻게든 되겠지'라는 패기로 버스에 탔지만, 델리에서 멀어질수록 그 패기는 사라져갔다.

버스가 하리야나주의 한 마을을 지나가고 있을 때 사건이 터졌다. 한 덩치 큰 승객과 버스 안내원 사이에 요금 문제로 시비가 붙은 것이다. 인도에서 가장 험악한 지역으로 알려진 하리야나답게 그 싸움은 무시무시했다. 서로의 얼굴에 크게 소리를 지르더니 손찌검이 시작되었고 운전사는 버스를 길 한복판에 세웠다. 버스 안에 있던 모든 성인 남자들이 둘을 밖으로 끌고 가 중재한 후에야 사태가 일단락되었다.

눈을 크게 뜨고 놀란 사람은 나 혼자뿐, 다른 승객들은 항상 보는 풍경인 듯 무심하게 수다나 떨고 있었다. 여기선 몸을 사려야겠다. 까딱 잘못하면 총이나 각목에 맞아 죽어도 아무도 모를 테니까.

먼지 날리는 갈색 마을을 몇 개 더 지나고 버스는 알와르 시내에 들어섰다. 그래, 목적지에 안전하게 도착은 했다. 근데 이제 어디로 가나?

불행인지 다행인지 버스에서 내린 나를 보자마자 릭샤왈라들이 다가왔다.

가장 먼저 나에게 접근한 나이가 지긋한 릭샤왈라에게 "당신이 아는 아무 호텔로 갑시다!"라고 말하고 뒤에 앉았다. 릭샤왈라는 신나게 페달을 밟아댔고 나는 뒤에서 도시 분위기를 살폈다. 그런데 이 도시, 범상치가 않다.

길거리에 여자는 전혀 보이지 않고 하얀색 터번에 전통의상을 입은 노인들만 모여서 후까[4]를 하고 있다. 개방적인 델리와는 완전히 다른 분위기에 기가 죽어버렸다. 혼자 돌아다니는 것은 상상도 못할 행동이었고 '다시 델리로 돌아가야 되나?' 같은 생각이 오만 번

---

4) 인도에서 피우는 물담배.

은 들었다.

릭샤왈라는 딱 봐도 비싸 보이는 호텔에 나를 내려놓고 어디론가 사라졌다. 하지만 지금은 다른 호텔을 찾아다닐 상황이 아니다. 여자들은커녕 걸어 다니는 사람들조차 거의 안 보이는 이곳에서 집채만 한 배낭을 멘 외국인이 혼자 걸어 다니면 좋지는 않을 것 같다. 리셉션에 들어가 바로 흥정에 돌입했다.

"방 있나요?"

"당연하죠, 며칠 묵으시게요?"

"음. 내일 바로 체크아웃 할게요."

"위에 방이 있는데 하루에 2,000루피(34,000원) 입니다."

2,000루피? 이런 깡촌과는 전혀 어울리지 않는 가격이다. 지금까지 배웠던 힌디어를 모두 써가며 1,600루피로 깎는 데 성공했다.

방에 올라가서 짐을 모두 풀고 베란다 문을 열자마자 알와르 시내의 풍경이 펼쳐졌다. 그때 얼마나 긴장을 했는지 호텔 방 안에서 찍은 사진도 하나 없다.

새로 산 심카드가 잘 되나 확인하려고(사실 무서운 마음을 가라앉히려고) 뭄바이에 있는 친구한테 전화를 걸었다.

"야, 따스님. 지금 뭐하냐?"

"나 학교에서 오는 중인데. 왜?"

"지금 델리에서 혼자 알와르라는 곳에 왔는데 너무 무서워. 버스에선 사람들끼리 싸우고, 길거리는 너무 조용하고, 사람들은 나만 뚫어지게 쳐다봐. 밖에 나갈 수는 있을까?"

"이래서 우리 인도 여자들은 혼자서 자기 지역 밖으로 안 나가. 나도 인도 사람이지만 뭄바이 밖으로 가는 것도 무서워. 근데 너는 남자니까 별일 없겠지, 잘 구경하고 뭄바이로 와."

얘기를 하니 조금 나아졌다. 그런데 이제 진짜 뭘 해야 하나? 아직 오후 네 시라 잠을 잘 수도 없고, 그렇다고 저녁을 먹을 시간은 더더욱 아니고……. 두려움을 깨고 밖으로 나가 시내를 둘러보기로 했다. 물론 짐과 귀중품들은 방에 놔두고 선글라스와 이어폰까지 끼었다.

일단 앞으로 걸었다. 목적지는 없다. 기억할 수 있을 정도만 걷다가 돌아올 생각이었다.

걷다 보니 웬 시장이 나왔는데 그 인파와 규모가 상당했다. 수년째 청소를 안 한 것 같은 검은 바닥에 상인들이 앉아서 과일, 채소, 생닭, 옷가지 등등 별의별 것들을 팔고 있었고 사람들은 매의 눈으로 물건을 체크하는 전형적인 전통시장이었다.

물론 사진은 없다. 그때는 혼자 돌아다니는 게 무서웠기 때문에 이런 인파 속에서 카메라를 꺼낸다는 건 상상도 할 수 없었다. 구경을 하는 둥 마는 둥 재빨리 빠져나와 호텔 쪽으로 방향을 틀었다.

저 앞에 호텔 간판을 보고 안도의 한숨을 내쉬었다. 그런데 여기까지 와서 그냥 들어가기엔 뭔가 아쉽단 말이다.

호기심을 참지 못하고 호텔의 반대 방향으로 발을 돌렸다. 잠깐만 갔다 오는 건데 설마 무슨 일이 있을까?

설마가 사람 잡는다는 말을 그때 기억했어야 했다.

뒷골목에 들어갈 용기는 없고 앞으로 쭉 뻗은 길만 따라갔다. 시야에서 호텔이 사라지는 순간 내 마음의 평화도 사라질 것이 분명하다.

3분을 채 안 걸었을까, 앞에 특이한 건물이 보였다. 궁전은 아닌 것 같고, 그렇다고 힌두 사원도 아니다.

저건 뭐지?

주민들이 널어놓은 옷가지들이 펄럭이는 담벼락 주위엔 무서운 적막이 감돌았다. 모양을 보니 오래된 유적지는 확실한데 몇 년째 관리 부실로 방치되고 있는 듯 보였다.

지금 생각해보면 어디서 그런 용기가 나왔는지 모르겠으나 나는 그 안으로 들어갔다. 카메라를 꺼내 최대한 빨리 사진을 찍고 나가려고 하는 순간,

'스슥!'

인기척이다. 그것도 내 뒤에!

온몸의 신경이 곤두선 상태로 뒤를 돌아봤다. 피부가 새까맣고 어딘가 불량해 보이는 청년 둘이 나를 뚫어져라 쳐다보고 있었다.

그중 한 명이 씨익 웃으며 나에게 손짓을 했다.

소름이 돋았다. 여기에 더 있다가는 무슨 일을 당할지 아무도 모른다.

바로 그 자리를 박차고 호텔까지 달렸다. 그 와중에도 내 손은 이어폰을 꽉 잡고 있었다. 호텔 앞까지 와서 숨을 돌렸다. 아까의 쓸데없는 호기심은 이미 사라진 상태. 호텔 방에나 박혀 있는 게 신상에 이롭겠다.

나중에 구글 맵에서 그 유적지에 대해 검색해보니 무굴 황제 샤 자한의 법관이었던 '파테 장'의 무덤이란다. 북인도에 널린 양식의 무덤이지만 다른 면으로 잊을 수 없는 곳이다.

오릿샤에서 날아온 초대
- Jaipur

　여기는 라자스탄의 주도(보다는 핑크 시티로 더 유명한) 자이푸르. 오늘 아침 알와르에서 도망치듯 탈출해 이곳에 왔다.

　방금까지 비가 온 자이푸르의 하늘은 잿빛이었다. 가이드북에 소개된 유명한 게스트하우스를 찾아보려고 했으나 '게스트하우스'라는 간판을 단 건물만 수십 개는 된다. 그중 가장 먼저 보이는 곳에 들어가 봤는데 수십 년간 손님 구경을 못 해 본 것 같은 스태프들은 엄청나게 격한 환영으로 나를 잡아끌었다. 결국 숙소는 여기로 결정!

　누군가 기대가 크면 실망도 크다고 했다. 이게 얼마나 맞는 말인지 자이푸르에 와서 느꼈다. 인터넷의 많은 여행기들은 델리를 '사기꾼이 들끓는, 맨정신으로는 여행할 수 없는 곳'으로 묘사한 반면에 핑크 시티 자이푸르에 대해서는 칭찬 일색이었다.

　"낭만적이다."

　"음식이 정말 맛있다."

　"델리에서 자이푸르로 넘어오니 완전 신세계더라."

　(여행기에 따르면) 낭만적이고, 음식이 맛있고, 델리 따위와는 비교를 거부하는 자이푸르의 핑크빛 거리에서 분위기에 취하며 마하라자[5]의

---

5) 라자스탄 지역의 왕들.

시대로 돌아가 보자는 나의 기대는 첫 번째 외출에서 바로 무너졌다.

30초에 한 번씩 들이대는 호객꾼들 사이에선 낭만을 느낄 틈이 없고, 고기에 살고 고기에 죽는 육식주의자인 나에게 채식이 대부분인 자이푸르의 음식은 심심하기 그지없었다. 게다가 자이푸르의 상징인 '하와 마할'은 찾아가는 데만 10분이 넘게 걸렸는데 어떻게 다 보는 데는 10초가 채 안 걸리냐.

몇 분 걷다가 호객꾼들의 등쌀에 질려 숙소로 돌아와 버렸다. 페이스북을 체크하던 중 갑자기 메시지가 왔다. 2년 전 인도 대사관에서 만났던 친구 라자트였다.

"준학, 잘 지내? 지금 인도에 있는 거 맞지?"

"나야 잘 지내지. 지금은 자이푸르에 있어."

"멀리 안 가서 다행이다. 사실 일주일 후에 내 고향 오릿샤에서 친척 형 결혼식이 있는데 너를 꼭 초대하고 싶어. 델리에서 같이 비행기를 타고 가면 돼."

이렇게 갑작스러운 초대라니, 여행 계획 전부를 수정해야 할 판이다. 원래는 자이살메르로 넘어가 낙타 사파리를 하고 우다이푸르로 이동할 계획이었다. 초대가 날아온 오릿샤 주는 여기서 1,600㎞나 떨어진, 인도의 동쪽에 위치한 지역이다. 만약 그곳을 간다면 라자스탄 여행을 포기해야 했다.

심각한 내적 갈등에 빠져 고민하는 내 마음을 읽었는지 라자트는 다시 메시지를 보냈다.

"오늘 밤까지 천천히 생각하고 알려줘도 돼. 네가 머물 집과 이동 수단은 다 준비되어 있어. 인도에 왔으면 한 번쯤 시골에도 머물러 보고 결혼식을 보는 것도 좋은 경험이지 않을까?"

한 시간 정도 생각한 끝에 나는 마음을 굳혔다. 라자스탄의 유명한 관광지들은 델리에서 멀지도 않고 나중에도 충분히 올 수 있다. 하지만 시골의 결혼식은 지금 아니면 참석할 기회가 영영 없을지도 모른다.

"그래, 따라갈게. 내일모레 바로 델리로 넘어간다."

"역시 네가 올 줄 알았어."

이틀 후 나는 델리로 돌아가는 버스에 몸을 실었다. 누가 알았을까? 그것이 내 마지막 라자스탄 여행이 될 줄은.

다섯 시간 후, 버스는 익숙한 델리 시내에 진입했다.

그래. 이 거리, 이 분위기, 이 사람들.

다시 만나서 반갑다. 델리!

저 멀리서 라자트가 손을 흔들고 있는 게 보였다. 다음 목적지가 한 발 더 가까이 다가온 것이다.

시골 입성
- Paradeep

　오릿샤의 부바네스와르 공항에 내리자마자 느껴지는 엄청난 열기와 습도. 지금 기온이 무려 37도! 두 시간 전의 델리와는 완전히 다른 날씨다. 두꺼운 남방을 입고 비행기를 탄 내 결정에 대해 후회가 밀려왔다.

　라자트의 집은 여기서 차를 타고 세 시간은 더 가야 나온다. 파라딥(Paradeep) 지역의 굉장히 작은 시골 마을이라던데, 처음 가보는 인도의 시골은 어떨지 기대가 앞섰다.

　"정말로 작은 시골 마을이라 놀랄 수도 있어. 한국에서 지금까지 살아왔던 방식하고는 많이 다를 거야. 네가 좋아할지 모르겠네."

　라자트 마하파트라. 그를 만난 것은 2년 전, 서울의 인도 대사관에서였다. 당시 힌디어를 독학하던 나는 인도 행사란 행사는 모조리 찾아다녔고 만나는 모든 인도인들에게 말을 걸었다. 라자트도 그중 한 명으로 우리는 페이스북 주소를 교환하며 나중에 다시 만나자고 약속하고 헤어졌다. 그 나중이 진짜로 찾아온 것이다.

　우리의 차는 오릿샤의 드넓은 들판을 달렸다. 끝이 없는 논밭이 펼쳐졌고 웅장한 야자수잎들이 하늘을 가렸다. 인도가 얼마나 크고 다양한지 실감이 났다. 델리와 라자스탄에서는 이런 야자수를 본 기억이 없다.

세 시간을 더 달리다 차는 갑자기 길옆에 우거진 수풀 속으로 방향을 틀었다. 뭐야? 정글 탐험이라도 하러 가는 건가?

"놀라지 마, 이 정글 속에 우리 마을이 있어."

마을이 어디 있다는 건가? 사방을 둘러봐도 보이는 것은 울창한 야자수뿐, 마을이 있을 곳은 아닌 것 같다.

비포장 흙길을 10분 정도 더 달리고 나서야 드문드문 인가가 보였다. 라자트의 고향 바가디아 마을에 도착한 것이다. 야자수들은 하늘을 찌를 듯 높게 뻗어 있고 인도 전역에서 들리는 경적 소리도 없는 평화로운 시골 마을. 지붕이 낮은 라자트의 집에 도착해 짐을 풀었다. 이 외진 마을에서 일주일을 보내야 한다.

"나는 결혼식 준비 때문에 가끔 시내에 나가야 해. 그때는 그냥 집에서 자든, 마을에서 산책을 하든, 마당에 카트[6]를 깔고 누워서 아무것도 안 하는 네 자유야. 마음대로 해도 돼."

바쁜 현대 사회에서 아무것도 안 하는 것에 대한 시선은 곱지 않다. 하지만 여기는 인도의 시골 마을. 애써서 할 것도 없고 사람들의 시선도 없다.

아무것도 안 할 자유. 일주일 동안 그 자유를 마음껏 누리기로 했다.

그날 오후엔 선풍기를 틀어놓고 잠을 잤다. 바깥 기온은 매우 높았지만 집은 돌로 만들어져 시원했다. 문을 열어 놓으면 바람이 솔솔 들어온다. 할 것도, 해야 할 것도 없는 이 작은 시골에서 낮잠은 더위를 피하고 시간을 보내는 가장 좋은 방법이다. 잠이 오는 듯 마

---

6) 인도의 간이침대.

는 듯 수면과 의식의 경계를 오갔다. 풀벌레 소리, 새가 지저귀는 소리, 나뭇잎 바스락거리는 소리가 들렸다.

잠이 깬 후에 밖으로 나온 나를 보고 집 안 사람들이 배시시 웃는다. 호기심에 가득 찬 그들의 눈빛은 외국인을 처음 보는 것 같았다.

집 주변을 설렁설렁 걸었다. 가야 할 곳도, 갈 곳도 없다. 발길 닿는 곳이 목적지가 되는 이곳. 길을 걷다 보면 떠돌이 개들과 어느 집에서 탈출했는지 모르는 병아리들도 보인다.

해가 지면 마을에 하늘 높이 뻗은 야자수잎의 그림자가 드리운다. 음산한 어둠이 찾아온 마을은 완전히 풀벌레들 세상이다. 집마다 노란 전등이 켜지고 새어 나오는 연기. 뭔가 타는 듯한 냄새가 나기 시작하면 저녁 시간이 된 것이다.

그날 밤 라자트는 그 마을에서 내가 잘 곳을 찾아 주었다. 마을 어귀에 위치한 라자트의 삼촌이 살았다는 하얀색 빌딩은 페인트칠이 다 벗겨져 귀신의 집 같았다. 다행히 전기는 들어오는데 이런 폐허 같은 건물에서 하룻밤을 보내야 한다니 두려움이 밀려왔다.

방에 들어가서 전등을 켰다. 하얀색 백열전구 주위로 춤추는 수백 마리의 모기떼, 엄청난 더위에 습도까지! 천장에서 삐걱거리며 돌아가는 선풍기가 꺼지는 순간 잠은 다 잔 것이다.

몇 시간을 뒤척거려도 잠이 오지 않았다. 귀국까지 남은 날짜를 계산해 보니 아직도 47일이나 남았다. 한국의 아늑한 침대가 그리웠다.

그래도, 이 시간도 지나고 보면 다 추억으로 남겠지?

그렇게 몇 분을 뒤척이다 잠이 들었다.

시골 일상
- Paradeep

창문으로 들어오는 햇빛에 잠이 깼다. 울창한 숲속에 들어앉은 시골답게 창밖으로 나무들이 빼곡히 보인다. 나무 밑에는 아줌마들이 모여 담소를 나누고 희미한 새 소리가 들려온다. 평화로운 시골의 아침이다.

라자트에게 전화를 걸어 일어났다는 사실을 알렸다. 10분이 지났을까? 누군가 '똑똑' 문을 두드렸다.

"누구세요?"

"라자트 형이 보냈어요. 친척이에요."

문을 열어보니 10살쯤 되어 보이는 작은 소년이 손에 뭔가를 들고 서 있었다. 포장을 열어보니 따끈따끈한 이들리[7]와 커리가 정성스럽게 포장되어 있다. 창가에 앉아 아침을 먹었다. 한입에 쏙 들어가는 이들리는 입에서 살살 녹았다.

이들리를 다 먹은 뒤 꼬마 소년과 함께 라자트의 집까지 걸어갔다. 라자트는 집 벽을 장식하는 데 정신이 팔려 내가 온 것도 눈치채지 못했다.

"라자트, 지금 뭐 해?"

"벽에 그림을 그리고 있어. 결혼식 준비 중 하나지. 어제 잠은 잘

---

7) 남인도에서 먹는 하얀색 빵.

잤고? 샤워는 했어?"

잠은 그럭저럭 잤지만, 샤워는 먼 나라 얘기. 생각해보니 어제 여기 온 후부터 지금까지 한 번도 샤워를 하지 못했다.

"그 귀신의 집 같은 곳에서 화장실 가기도 무서웠는데 샤워라니. 마침 여기 왔으니 여기서 하면 되겠네."

"그래. 하지만 잊지 마, 여긴 시골이라고. 화장실도 네가 알던 것과 많이 다를 거야."

라자트가 화장실 겸 샤워실로 나를 안내했다. 철문에 손을 대자 귀를 찢는 끼이익 소리가 났다. 안에 있는 것은 양철 양동이뿐, 그런데 아무리 봐도 뭔가 부족한 것 같은데?

천장, 그 샤워실에는 천장이 없었다. 지붕이 뚫려서 하늘이 훤히 올려다보이는 엄청난 디자인의 샤워실을 보고 잠시 주춤했다. 라자트는 또 내 생각을 읽었는지 한마디 했다.

"볼 사람 아무도 없으니까 걱정하지 마, 수건하고 옷들을 걸어 놓으면 돼."

그래, 볼 사람은 당연히 없겠지. 무엇보다 지금의 더위와 습도는 누가 보고 안 보고를 따질 때가 아니다.

펌프에서 뜬 차가운 물과 열린 천장으로 들어오는 바람은 잠시나마 오릿샤의 더위와 습도를 잊게 해줬다. 기분까지 시원한 아침 샤워다.

샤워를 마치고 밖으로 나왔다. 마당엔 결혼식 준비가 한창이고 어제 못 본 사람들도 와 있다. 오늘은 뭘 할지를 생각하고 있는데 오토바이를 타고 청년 두 명이 다가와서 악수를 청했다.

"안녕하세요. 우린 라자트의 친척입니다. 오늘 옆 마을을 돌며 집마다 결혼식 초대장을 전하려 하는데 같이 가실래요?"

마을도 둘러볼 겸 같이 가기로 했다. 라자트는 오늘 결혼식에 필요한 물건을 사러 시내에 나가기 때문에 집에서 할 것도 없다.

청년들은 나를 오토바이 뒷자리에 태웠다. 처음 타 보는 오토바이라 긴장이 되었으나 야자수들 너머로 펼쳐진 논밭을 보니 긴장은 어느샌가 사라졌다.

연못 하나를 가로질러 도착한 이웃 마을의 집들은 대부분 진흙집이었다. 흙 날리는 길에 닭과 병아리들이 빡빡거리며 돌아다니고 밧줄에 묶인 소는 무념무상 여물을 씹는다.

청년들과 마을의 집 몇 군데를 돌았다. 크기가 워낙 작아서 마을 사람들은 모두들 서로 알고 있는 것 같다. 청첩장을 마을 사람들에게 나눠주며 결혼식에 꼭 오라는 말을 전했다.

마을 한 바퀴를 돌고 라자트의 집으로 돌아가니 마당 전체에 공사가 한창이었다. 그중 눈길을 끄는 건 마당 한구석에 혼자 땅을 파고 있는 한 남자였다.

"다량으로 요리를 하니까 불을 피우기 위한 구멍을 파는 겁니다."

결혼식에서 먹어본 진흙 화덕으로 요리한 음식의 맛은 최고였다.

오후에 늘어지게 낮잠을 자고 해가 떨어지기 전 라자트의 친척과 함께 마을 어귀에 있는 강줄기에 가봤다. 그다지 깨끗하지 않고 혼자 유유히 흘러가는 물. 이곳에서는 두 사람의 목소리조차 크게 울린다.

강변을 따라 천천히 걸었다. 강둑엔 고깃배 한 척이 외롭게 묶여 있다.

사람의 기척을 찾아보기도 어려운 곳, 걸음을 멈추면 물 흘러가는 소리가 들린다.

강물 저편으로 해가 떨어진다. 이제 마을로 돌아가야 할 시간이다.

인도는 그랬었지

시골 마을은 해가 떨어지면 굉장히 어둡다. 강변에서 오토바이를 타고 마을로 넘어왔을 때는 이미 어둠이 마을 전체를 뒤덮은 후였다.

가로등 하나 없는 컴컴한 시골길에서 이 친구가 오토바이를 잘 운전할 수 있을지 걱정이 되었다. 핸들 한번 잘못 꺾어 연못에 빠지기라도 하면?

"이렇게 어두운 길에서 잘 운전할 수 있어요?"

"전혀 문제없어요. 금방 그 이유도 알게 될 거요."

그때 어디선가 빛이 비친다. 희미하게, 하지만 그 존재를 느낄 수 있는 하얀 빛. 고개를 들어보니 하늘에 달이 크게 떠 있다. 공해가 없는 시골 마을의 밤하늘에 떠 있는 달빛이 어두운 길을 비춰주고 있다. 달빛이 이렇게도 밝구나.

"여기는 달빛이 밝아서 가로등이 필요 없어요. 5년째 달빛에만 의존해 밤길에 오토바이를 운전하고 있는데 사고가 난 적은 한 번도 없습니다."

하긴, 태어날 때부터 이곳에서 살아온 현지인이 밤길 사정을 모를 리가 없다. 이런 쓸데없는 걱정을 하고 있었다니…….

낮에 지나온 연못을 가로질렀다. 달빛이 물 표면에 비쳐 반짝반짝 빛났다.

이건 결혼식인가, 총판인가?
- Paradeep

결혼식이 이틀 뒤로 다가왔고 집에 찾아오는 손님들도 많아졌다. 옆 마을 사람들은 물론, 다른 지역에 사는 가족들도 찾아왔다. 집 앞에는 현수막이 걸렸고 오후 내내 음악을 틀어대는 대형 스피커 덕분에 축제 분위기가 나기 시작했다.

여느 때처럼 침대에 누워서 휴식을 취하던 도중 열린 문으로 아이들 세 명이 들어왔다. 피부색이 다른 내가 낯설 법도 한데 아이들은 쪼르르 다가와 내 옆에 앉았다.

"바이야, 앞까 남 꺄해(오빠는 이름이 뭐에요)?"

역시 어딜 가나 처음 보는 사람에게 가장 먼저 궁금한 것은 이름이다. 골백번은 더 말했을 것 같은 내 이름을 대고 이 아이들의 이름을 물어봤다.

"피자, 비파샤, 그리고 사촌 동생(사실 이름이 기억나지 않는다)."

"피자? 먹는 피자 말하는 거야?"라는 나의 시답잖은 질문에 피자는 힌디어로 자연을 뜻하는 단어라고 설명해 주었다. 한껏 치장한 아이들을 보니 결혼식이 다가왔다는 게 실감이 나기 시작했다. 즉, 이곳에 머물 날이 얼마 남지 않았다.

이틀 전에 부바네스와르 기차역에서 구입한 다음 목적지 자그달푸르로 가는 티켓은 지갑에 고이 모셔두었다. 낮잠 자고 쉬는 것 외에는 할 게 거의 없는 시골의 일상이지만 5일이 눈 깜짝할 새에 지나갔다. 이름도 생소하고 아는 사람 하나 없는 다음 목적지에는 또 어떤 것이 기다리고 있을지 기대가 되었다.

드디어 결혼식 날이 되었다. 그날 오전은 평범하게 지나갔으나 오후가 되자 분위기가 완전히 바뀌었다. 집의 모든 가족들이 옷장에 숨겨놨던 가장 좋은 옷을 꺼내 입고 여자들은 보석으로 화려하게 치장을 한다. 나도 이날을 위해 델리에서 구입한 하얀 꾸르따[8]와 조끼까지 차려입었다.

해가 지고 마을엔 밤이 찾아왔다. 그러나 다른 날처럼 어둡지는 않았다. 화려한 조명과 엄청난 인파, 신랑을 태우고 갈 말과 함께 엄청나게 큰 스피커를 장착한 트럭이 집 앞에 모였다.

결혼식 직전 신랑 측 가족이 신부네 마을로 걸어가는 의식이 있는데 이걸 '바라트'라고 부른다. 나와 라자트를 포함한 바라트의 모든 사람들은 준비를 마쳤고 딱 봐도 잘 놀게 생긴 머리 긴 청년들이 선두를 자처했다. 튀고 싶은 마음은 전혀 없었지만, 피부색부터가 다른 외국인이기에 내 자리 역시 청년들과 함께 선두로 배정되었다.

8) Kurta: 인도 남성들의 전통의상.

우리 뒤에는 아이들이 따라왔고, 그 뒤로 라자트의 친척들, 마을 사람들이 줄줄이 따라왔다. 마을 사람이면 누구나 참가할 수 있는 바라트. 그 대형이 거의 완성되었다.

마침내 스피커를 실은 트럭의 시동이 켜지고 바라트의 행진이 시작되었다. 힌디어 음악이 엄청나게 크게 울렸고 청년들은 누가 먼저랄 것도 없이 발을 놀리며 춤을 추기 시작했다.

한국에서는 춤출 일이 거의 없다. 클럽에 가면 된다고 말할 수 있으나 작년까지 미성년자였기에 클럽은 아직 먼 세상 얘기고, 결혼식도 주례와 밥만 먹고 끝난다. 하지만 인도는 조금이라도 작은 행사가 있으면 무조건 노래와 춤이 따라온다. 하물며 생에 가장 중요한 행사인 결혼식의 노래와 춤은 과연 얼마나 대단할지 눈치챘을 것이다. 나는 그날 처음으로 한계에 다다를 때까지, 그야말로 '미친 듯이' 논다는 게 뭔지 알게 되었다.

청년들이 흔드는 대로 나도 몸을 흔들었다. 그들은 어릴 때부터 춤을 춰온 사람들이라 비트에 몸을 맡기는 포스가 달랐다. 역시 춤도 조기교육이 중요하다. 팔을 흔들고 발을 구르고 몸을 뱅뱅 돌려가며 마을을 가로질렀다. 바라트에 합류하는 사람들은 자꾸만 늘어갔고 나만 보면 사진을 같이 찍자는 마을 사람들의 요청을 거절할 수 없어 그날 밤에 50명이 넘는 사람들과 사진을 찍은 것 같다.

춤판. 인도 영화로는 많이 봤지만 실제로는 처음 경험해본 무대. 후에 인도에 살게 되면서 춤판을 벌인 적은 많았지만 이곳, 오릿샤의 한 작은 마을의 결혼식은 내가 앞으로 추게 될 모든 춤판의 시작이었다. 그래, 여기서 몸짓도 배우고 어느 비트에서 발을 빼야 하는지도 배워야 나중에 유용하게 써먹지. 부끄러움 따위가 뭐냐? 이

특별한 날에 이렇게 큰 노랫소리에, 게다가 바라트의 선두에 서서 열심히 춤을 안 추는 것은 예의가 아니다. 둥둥거리는 비트가 정신 너머 아득히 흘러갈 때까지, 그 엄청난 광기 속에서 정신을 놓고 신나게 춤췄다. 몸은 땀으로 젖어 갔고 나와 마을 청년들 모두의 의식은 저 비트 너머로 희미해졌다.

얼마 남지 않은 이 단조로운 시골 일상과의 이별. 아쉬움을 남기기는 싫었다.

인도는 그랬었지

밤 기차 여정

눈을 뜨니 지금까지 잤던 곳이 아닌 다른 방에 와 있다. 창문으로 들어오는 햇빛과 새 소리가 아침이 됐다는 걸 말해주고 있다. 음, 어떻게 여기로 오게 됐지?

어젯밤, 광란의 춤판은 끝날 기미가 보이지 않고 나와 아이들은 점점 지쳐갔다. 게다가 신부가 사는 마을은 꽤나 멀리 있어서 가도 가도 다가오지 않는 목적지처럼 느껴졌다. 결국 춤판이 처음인 나와 체력이 달리는 아이들은 라자트의 집으로 돌아가 잠을 자게 되었다.

머리가 무거웠지만 어제의 일들은 강렬하게 기억에 남아 있었다. 중간에 돌아온 건 아쉽지만 내일 20시간이 넘는 기차를 타고 이곳을 떠나 새로운 곳에 가기 때문에 체력을 아끼는 것도 중요하다.

짐을 싸고 항상 하던 대로 침대에 누웠다. 이 마을에서 마지막으로 느끼는 나른한 오후. 내일부터는 긴 이동과 바쁜 여정의 시작이다.

다음 날 아침. 라자트와 가족들한테 마지막 인사를 하고 부바네스와르역으로 떠났다. 기차 출발 시각은 저녁 7시. 어두워진 역 안에선 인도 기차역 특유의 빠빰 소리와 함께 안내방송이 들려왔다. 내 기차는 어디 있나?

저쪽 플랫폼에 내가 탈 기차가 들어왔다. 출발 시각이 30분 정도 남았지만 기차에 들어가 앉아 있기로 했다. 육중한 쇠문에 손을 대니 삐걱거리며 문이 열렸고 아직 불이 켜지지 않은 객차 내부는 깊은 어둠에 싸여 있었다. 어둡고 긴 복도를 돌아다니며 자리를 찾아 앉았다. 덥고 습한 공기, 아직 전기가 안 들어와서 선풍기가 켜지지 않았다.

인도 기차가 연착이 많다는 얘기를 들었지만, 이 기차는 예정된 시간에 칼같이 출발했다. 철로 된 육중한 몸집이 덜컹거리며 움직이자 전기가 들어왔고 선풍기도 켜졌다. 이제 좀 살 것 같다.

부바네스와르를 벗어난 기차는 어둠이 짙게 깔린 인도의 드넓은 땅을 가로질렀다. 창밖으로 손전등을 비추니 어렴풋이 보이는 엄청난 나무들, 그리고 이어지는 평야. 중간중간 지나치는 작은 간이역에 서서 기차를 기다리는 까만 피부의 현지인들. 저 사람들의 집은 어디일까? 저기 나무들 너머 정글 어딘가에 있을까?

시간은 어느덧 밤 10시를 넘겼고 기차는 어느 큰 역에서 멈췄다. 방금까지 비어 있던 객실에 사람들이 들어왔다. 내 밑의 자리엔 한 남자 승객이 앉았다. 위에 앉아 있는 나를 보자마자 아주 자연스럽게 말을 거는 남자. 나도 그에 맞춰 자연스럽게 대답했고 곧이어 우

인도는 그랬었지

리는 마치 몇 년을 알고 지낸 사람처럼 대화를 이어갔다.

"어디로 가는 길이오?"

"종착역 자그달푸르로 갑니다. 당신은?"

"저는 중간에 내릴 겁니다. 요 옆에 시골에서 친구 결혼식에 참석하고 오는 길이에요."

"그 시골이 어디 있습니까?"

그는 창밖으로 손가락을 가리키며 말했다.

"밖에 나무들 많이 보이시죠? 저 안 어딘가에 있어요. 이 기차도 놓칠 뻔했는데 간신히 뛰어와서 탔죠. 술 조금만 더 마셨으면 아마 못 탔을 것이라."

남자는 오리야어 발음이 섞인 힌디어로 얘기했다. 그의 말을 듣다 보니 이틀 전날 밤의 기억이 생생해졌다. 장소도 다르고 사람도 다르지만 결혼이라는 주제 하나만으로 얼마나 많은 이야깃거리가 탄생하는지.

얘기를 하다 보니 어느새 밤 12시가 되었다. 할 얘기는 많았지만, 다른 승객들을 위해 남은 얘기들은 내일 아침에 하기로 하고 잠이 들었다. 객차 안엔 어둠이 짙게 깔렸고 덜컹거리는 소리가 계속 들려왔다.

"짜이~ 짜이~, 싸모싸~ 싸모싸~."

누군가 외치는 소리에 눈이 떠졌다. 하얀 여명이 내려앉은 객차의 아침은 짜이왈라[9]들의 목소리와 내릴 준비를 하는 승객들로 분주했다. 세수를 하러 화장실 쪽으로 갔는데 문이 열려 있다. 거기로

---

9) 인도 차인 짜이를 파는 상인.

들어오는 차가운 바람, 밖으로는 하얀 안개에 싸인 마을들이 지나 갔다.

자리로 돌아와 어제의 남자와 사모사를 까먹으며 못다 한 얘기를 나눴다. 지도를 보니 기차는 아직 오릿샤를 벗어나지도 않았고 목적지 챗티스가르[10]까지는 꽤나 거리가 남아 있었다.

자그달푸르. 별로 유명하지 않은 그곳을 가는 이유는 하나. 치트라쿠트 폭포를 보기 위해서다. 구글에서 찾아본 바로는 인도의 나이아가라 폭포라고 불린다는데 직접 봐야 알 것이다. 그리고 친구 한 명이 사는 라이푸르[11]에 가기 위해 거쳐야 하는 도시이기도 하다.

아침이 되자 객차는 점점 비어갔다. 어제부터 얘기한 남자 승객이 내릴 역도 다가왔다. 악수를 하고 그는 내렸다. 이름과 나이도 기억나지 않는, 연기처럼 사라진 남자. 그는 3년 전 기차에서 만났던 윗자리 승객이 자신에 대한 이야기를 쓴다는 것을 알고 있을까?

구글 맵에 자그달푸르역이 가까워질수록 가슴이 뛰기 시작했다. 이런 깊숙한 내륙 지역에서 혼자 잘 다닐 수 있을지 걱정이 되기 시작했으나 이내 마음을 가라앉혔다. 여기 온 지 2주나 되었는데 계속 겁먹고 다닐 필요는 없잖은가?

오후 두 시. 기차는 종착역인 자그달푸르역에서 멈췄다. 다른 역들과 달리 사람들이 많이 없다. 숙소를 찾아다닐 정도의 지리를 모르니 그냥 가이드북에 소개된 곳에 가기로 했다. 역 밖으로 나와 릭샤왈라에게 다가가 숙소 이름을 말했다. 다행히 릭샤왈라는 그곳을 안다. 흥정 멘트까지 미리 생각하며 가격을 물어보니 단돈 10루

---

10) 자그달푸르가 위치한 주(state).
11) 챗티스가르주의 주도.

인도는 그랬었지

피(170원)를 부른다.

어라? 예상했던 것과는 다른 전개에 살짝 당황했지만 이내 안심하고 릭샤에 탔다. 외국인이 거의 없는 곳이라 바가지도 없나 보다.

작은 호텔에 들어가 바로 체크인을 하고 짐을 풀었다. 빈방에 놓인 침대에 누우니 알와르의 그 호텔이 생각났다.

그때도 혼자였고 지금도 혼자. 거기도 내륙 중소도시, 지금 여기도 내륙의 중소도시다. 베란다에 서서 도시를 내려다보았다. 특별한 건 없고 야자수 몇 그루가 심긴 평범한 도시.

교복을 입은 학생들 몇 명이 얘기하고 있는 게 보였다. 그게 뭐라고 아직까지 기억에 남아 있는지.

아마 놀랍도록 평범한 그 도시에서 기억할 만한 유일한 광경이라서?

산 넘고 정글 건너 폭포로 가는 길
- Jagdalpur

여행을 하면 일찍 일어나게 된다. 그날도 7시쯤에 눈이 떠졌다. 오늘은 오전에 치트라쿠트 폭포를 보고 밤에 라이푸르로 넘어가야 한다. 가난한 여행자이기에 이른 체크아웃을 하고 숙소를 나왔다. 배낭 무게가 5kg밖에 안 되는 게 천만다행이다. 7kg 이상부터는 메고 다니기도 힘들고 10kg이 넘어가면 이게 배낭이든 뭐든 던져 버리고 싶을 것이다.

시내의 유일한 번화가인 영화관 앞에 치트라쿠트로 가는 버스가 서 있었다. 중학교 3학년부터 지금까지, 4년간 힌디어를 배워둔 게 얼마나 유용한지 모른다. 로컬 버스의 행선지와 루트는 대부분 힌디어로만 쓰여 있다. 만약 내가 힌디어를 읽을 줄 몰랐다면?

버스는 나와 여학생들 몇 명, 주민들 몇 명을 더 태우고 출발했다. 내 옆에 앉은 현지인 두 명이 휴대폰으로 노래를 크게 틀었다. 음, 가는 길이 심심하지는 않겠군.

혼잡하지 않은 자그달푸르 시내를 벗어나 버스는 사방에 나무들이 우거진 숲속을 달리기 시작했다. 멀지 않은 곳에 산들도 보였다. 한국처럼 초록색 산이 아닌 갈색과 주황색 산들. 처음 보는 풍경에 빠져들었고 버스는 더더욱 깊은 정글 속으로, 어딘가에 있을 폭포를 향해 계속 달렸다.

한 시간 후, 산이 끝나고 우리 버스는 돌이 많은 지역에 도착했다. 여기가 종착지란다. 내려서 사방을 둘러봐도 폭포는 보이지 않는데 어디로 가야 하나? 다행히 뒤에 앉은 여학생들이 위치를 알고 있어서 모든 승객들은 그 방향으로 걸어가기 시작했다. 어제 비를 맞은 돌바닥은 꽤나 미끄러워 온 신경을 발끝에 집중해서 걸었다.

저 앞에 낭떠러지 너머로 푸른 빛이 보인다. 드디어 도착한 것이다.

치트라쿠트 폭포. 오릿샤의 칼라한디 지역에서 발원하여 이곳에서 물을 쏟아붓고 밑에 텔랑가나 주로 흘러가 고다바리강과 합류한다. 인도에서 가장 넓은 폭포라고 하는데 우기 때는 물의 양과 흐르는 넓이가 엄청나게 늘어난단다. 아, 가만있자, 인도의 우기는 7월에서 9월. 그런데 지금은? 2월.

가까이서 본 폭포는 사진에서 본 것처럼 넓지 않았다. 나이아가라 폭포는 고사하고 중간 크기의 물줄기 두 개만 떨어지고 있었다. 내가 기대했던 이미지는 이게 아닌데…….

물줄기에 더 가까이 다가갔다. 가까이 갈수록 물 떨어지는 소리가 귀에 울렸다. 밑에 흘러가는 강물은 강렬한 푸른빛을 뿜었고 그 물줄기는 저 끝까지 이어졌다.

돌바닥에 앉아서 저 지평선을 바라보았다. 흘러가는 강줄기 따라 내 시선이 끝나는 곳까지.

수백 년, 어쩌면 수천 년 동안 이곳에서 떨어지고 있을 폭포수. 그렇다면 이 물과 여기의 돌들은 얼마의 세월을 품고 있는 걸까?

더 이상 시선을 돌릴 지평선이 없어지자 나는 자리에서 일어나 앞에 만들어진 간이 계단을 타고 밑으로 내려갔다. 위에서 봤던 푸른빛의 넓은 강물이 한눈에 들어왔고 절벽 위에서 시원하게 떨어지는 폭포는 아까의 아쉬운 마음을 달래주기 충분했다. 물이 좀 적으면 어떤가? 지금 이 정도도 충분히 아름다운데!

강가에 다가가 물에 손을 담그니 차가운 느낌이 손끝으로 전해졌다. 뒤에 우산을 펴고 과일을 파는 현지인 소녀에게 포도 한 송이를 샀다. 포도를 씹으며 강줄기를 따라 조금 걸었더니 작은 보트 몇 척이 보였다. 어제 가이드북에서 읽었던 내용이 떠올랐다.

"물이 적은 건기에는 보트를 타고 폭포 가까이 가 볼 수 있다."

요금을 물어보니 뱃사공은 단돈 20루피를 불렀다. 지금 먹고 있는 포도보다 싼 가격이다. 다른 관광객 두 명과 함께 보트에 탔고 뱃사공은 힘껏 노를 젓기 시작했다.

보트는 물을 가르며 앞의 절벽 끝으로 떨어지고 있는 폭포수 쪽으로 다가갔다. 가까이 갈수록 얼굴에 차가운 물방울이 튄다. 이 느낌, 이 시원함. 혼자지만 외롭지 않다.

보트는 마침내 폭포 앞까지 다가갔고 바로 밑에서 올려다보는 물의 소리와 위용은 대단했다. 그 소리에 몸과 마음까지 시원해지는 기분이다. 나와 같이 탄 인도인 여행객 두 명도 카메라를 꺼내 사진을 찍는 데 여념이 없었다.

치트라쿠트 폭포까지 봤으니 인도에 온 목적 중 하나는 성사되었다. 하지만 아직 더 해야 할 게 많다.

인도는 그랬었지

"물이 적은 건기에는 보트를 타고 폭포 가까이 가 볼 수 있다."

라이푸르에서 만난 인연들
- Raipur

여기는 자그달푸르 시내의 버스정류장.

밤이 깊었지만 버스의 경적 소리와 인파로 북새통을 이루었다. 버스가 출발하는 카운터로 가보니 먼저 온 여행자들과 버스에 실을 짐짝들이 보자기에 싸여 있었다. 배낭을 깔고 앉아 딴비한테 전화로 내일 아침에 라이푸르에 도착한다고 전했다.

딴비는 볼거리 없는 라이푸르에 가는 유일한 이유다. 한국에서 힌디어를 배울 때 페이스북 그룹에서 만난 친구 중 한 명인 딴비. 내 생일 때 인도에서 힌디어책을 보내준 친구. 2년 후 찻티스가르에 오면 꼭 자기 도시를 구경시켜 준다던 친구. 긴 것 같았던 2년의 시간은 어느새 훌쩍 지나 있다. 지금 만나러 간다.

밤 열 시쯤 되어 내가 타고 갈 버스가 왔다. 내 자리는 2층 침대칸. 안내원에게 물어보니 내일 아침 여섯 시쯤에 라이푸르에 도착한단다. '좀 편하게 갈 수 있겠다' 하고 배낭을 베고 커튼을 치고 누웠다. 이윽고 버스는 출발했고 창밖으로 정류장의 불빛이 점점 희미해져 갔다.

눈을 잠시 감았다 뜬 것 같다. 이미 새벽이 되었고 버스는 멈춰 있다. 휴게소에 들린 것 같은데 소변이 너무 마렵지만, 이 버스가 언제 출발할지 몰라서 터질 듯한 방광을 잡고 그냥 누워 있었다. 아, 빨리 이 새벽이 끝났으면.

다시 눈을 뜨니 창문 밖으로 보이는 하얀 안개. 버스는 라이푸르 시내에 진입했는지 사람들이 하나둘씩 내리기 시작했다. 나는 어제 딴비가 얘기해준 곳에 내렸다. 나를 보자마자 먹잇감을 발견한 하이에나처럼 접근하는 릭샤꾼들의 무리. 새로운 도시에서 항상 거치는 통과의례다.

릭샤꾼들 무리에서 벗어나 딴비에게 전화를 걸어 도착했다고 알렸다. 방금 자다 일어났는지 전화 너머 목소리엔 졸린 티가 역력했다.

"잘 도착했어. 우리 아빠가 좀 있으면 거기로 데리러 갈 거야. 차 번호는 ○○○○이고, 그거 타고 아빠 대학교에서 쉬고 있으면 내가 오후에 만나러 갈게."

어제 전화로 딴비의 아버지가 대학교 총장이라는 얘기를 들었다. 지금 날씨가 꽤나 추운데 언제쯤 오시려나? 인도 특유의 타는 냄새가 코끝을 스쳤다.

10분쯤 기다렸을까, 도로 저편에서 하얀색 승용차가 오더니 내 앞에 섰다. 엄청난 덩치에 흰 피부를 가진 딴비의 아버지가 문을 열고 내리셨다. 반갑게 악수를 하고 차에 탔다. 아버지는 '수디르'라고 자기를 소개했다. 볼거리가 없는 라이푸르에선 어디에 머물지가 문제였는데, 수디르 씨 대학교의 게스트룸이 비어 있는 건 정말 천운이다.

우리는 텅텅 비어 있는 라이푸르의 도로를 달려 대학교에 도착했고, 수디르 씨는 건물 별관에 있는 게스트룸을 보여주었다. 대리석 바닥의 넓은 방에는 커피포트와 티백 몇 개가 놓여 있다. 짐을 풀고 침대에 누웠다. 어제 잠을 설쳐 눕자마자 잠이 쏟아졌다.

아홉 시가 넘어서 일어나 딴비에게 전화를 걸었다. 아까와는 다른 신선한 목소리가 들리고 딴비는 10분 안에 찾아오겠다고 하고 전화를 끊었다. 드디어, 2년 만에 만나는구나!

'똑똑!'

굳이 물어보지 않아도 밖에 있는 사람이 누군지 예상 가능하다. 떨리는 마음으로 문고리를 돌려 문을 열었다.

긴 생머리, 인도인이라는 게 믿기지 않는 하얀 피부, 안경 너머로 보이는 깊은 눈매의 여자가 문 앞에 서 있다. 나이보다 훨씬 더 성숙해 보이는 딴비. 서로 인사를 하고 방에 들어가 의자에 앉았다. 딴비의 목소리는 매우 여성스러웠고 가끔 짓는 눈웃음은 그 깊이를 더했다.

"오느라 수고했어. 방은 좀 어때?"

"오는 길이 좀 안 좋았는데 방은 아주 좋아. 그런데 여기에만 있으니 심심하네."

"사실 내가 이번에 열리는 토론 대회에 참가해서 내일은 시간이 안 돼. 대신에 내일모레 온종일 같이 놀자. 내가 친구들도 데려오고 우리 집에도 데려갈게."

딴비의 친구들은 페이스북에서 본 적이 있다. 더 얘기하고 싶었으나 딴비는 일이 있어서 나가 봐야 했고, 나를 대학교 본관 건물에 데려다주고 떠났다. 본관까지 가는 길에 수십 명의 학생들의 호기

인도는 그랬었지

심 어린 시선이 우리한테 쏠렸다.

수디르 씨는 나와 딸을 보더니 서류 작업을 멈추시고 우리를 불렀다. 온종일 게스트 룸에만 틀어박혀 있는 건 말이 안 되고, 주변에 구경할 곳이 없냐고 물어보니 이 주변엔 정말 구경할 곳이 없단다. 그 대신 대학교의 교실을 참관해 보는 게 어떻겠냐고 제안했고 거절할 이유가 없었던 나는 바로 수락했다.

수디르 씨는 나를 데리고 가장 가까운 교실로 들어갔다. 교수님과 뭔가 이야기를 나누고 강의장 앞에서 나를 소개했다. 한국에서 라이푸르를 구경하러 혼자 온 학생이니 한국에 대해 궁금한 것이 있으면 물어보고 나한테는 한국에 대해 학생들에게 최대한 많이 알려주라고 하고 교실을 나가셨다.

이렇게 앞에 서는 건 처음이라 떨렸다. 하지만 걱정과는 다르게 30명이나 되는 학생들은 진심으로 한국에 대해 이런저런 궁금한 것들을 물어봤고, 그중에서는 〈꽃보다 남자〉의 '이민호' 팬이라는 여자애들도 있었다. 30분 동안 한국의 돈 단위는 뭔지, 수도가 어딘지, 학생들의 생활방식은 어떤지, 음식은 뭘 먹는지 등등의 대화가 오갔고 서로 이름도 물어봤다.

아디띠야, 슈끌라, 리셥, 아뚤, 비네이, 아누부띠, 아르짜나 등등의 이름이 기억난다. 마지막에 나는 수업 끝나고 게스트 룸으로 놀러 오라는 부탁을 하고 교실을 나갔다.

'설마 오겠어? 나 말고도 할 것이 수두룩한 대학생들인데……'라는 내 생각은 틀렸고, 그들은 정확히 오후 세 시 삼십 분에 내 방문을 두드렸다. 문을 여니 아침에 본 열두 명의 반가운 얼굴들이 있었고 그들과 함께 기숙사, 대학 교정, 주변의 쇼핑몰을 구경했다. 남학생들 수십 명이 모여 사는 약간 허름한 기숙사 방, 그날 밤에 걸었던 라이푸르 시내의 호수공원. 다음 날 쉬는 시간에 간이매점에 둘러앉아서 마신 한 잔의 짜이와 대화. 작은 것들이지만 그 기억들은 시간이 꽤 지난 지금까지도 선명히 남아 있다.

라이푸르를 떠나는 날 딴비를 만났다. 친구들도 데려왔는데 하나같이 피부가 하얗고 키가 컸다. 우리는 차를 타고 라이푸르 시내의 쇼핑몰과 새로 지어진 신도시인 '뉴 라이푸르'를 구경했다.

쭉 뻗은 포장도로 양옆으로 세워진 가로등이 인상적인 뉴 라이푸르 시티는 화려했지만 사람이 별로 없어 쓸쓸했다. 새로 지은 듯한, 손님이 없는 야외 레스토랑에 들어가 사진을 찍었다.

그때 그날, 아무 걱정 없이 오로지 그 순간을 즐겼던 날들.

떠나기 전날 밤엔 대학교에 작은 축제가 열렸다. 남학생들은 나한테 여기서 3일이나 됐는데 혹시 맘에 드는 여학생이 있으면 지금 말하라고, 나이대도 같은 데다 나중에 언제 다시 라이푸르에 올 것 같냐고 말했다. 생각해보면 맞는 말이다. 게다가 미인의 나라 인도답게 크게 쌍꺼풀진 눈에 매력적인 이목구비를 가진 여학생들이 많은 것도 사실이었다.

안타깝지만 3일이란 시간은 누군가에게 마음을 줄 정도로 긴 시간은 아니었나 보다. 학생들에게 웃으며 지금은 아닌 것 같고 내가 꼭 돌아올 테니 그때 다시 보자는 말을 하고 대학교를 나왔다.

첫 번째 여행에서 델리 다음으로 진한 여운을 남긴 도시가 바로 라이푸르다. 볼거리는 거의 없지만 다른 이유로 꼭 다시 찾겠다고 다짐한 도시. 그리고 나는 그해 11월 그 약속을 지켰다.

가장 더럽고, 혼란스럽고, 오래된 바라나시
- Varanasi

한국에 떠도는 인도 여행기 대부분은 바라나시+라자스탄 여행기라고 칭해도 될 것 같다. 그중 바라나시가 차지하는 비중은 실로 어마어마하다.

"바라나시를 보지 않으면 인도를 보지 않은 것이다", "인도에 대해 상상하는 모든 이미지를 가지고 있는 곳", "시간보다 오래된 도시", "삶과 죽음이 공존하는 곳" 등등의 수식어로 바라나시를 표현하는 것을 넘어서 이쯤 되면 이미 찬양하는 것이니, 그에 따라 이 도시에 도착하기 전부터 기대치는 한계를 넘어서 있었다. 잃어버린 나를 찾고, 아침에 갠지스강에서 조용하게 떠오르는 태양을 바라보며 사색에 잠기고, 뭔가 깨달음을 얻지 않을 수 없다는 이 도시. 벌써 기대가 되었다.

기차는 새벽 세 시에 라이푸르역을 떠났다. 내가 예약한 좌석은 오버부킹이 되어 밤새 모르는 인도 사람 사이에 끼어서 새우잠을 잤다. 우리 기차는 찻티스가르, 자르칸드, 비하르주를 거쳐 저녁 7시에 바라나시역에 도착했고 내가 내리자 웬 인도인이 따라붙었다. 그는 출구의 방향부터 바라나시의 지리, 관광지까지 물어보지도 않은 것들을 줄줄이 설명하기 시작했고 나는 바보같이 그를 믿어버렸다. 결론부터 말하자면 그것은 인도에서 당한 첫 번째 사기의 전조극이었다.

　나를 역 밖으로 안내한 친절한 사내는 자기 릭샤로 단돈 100루피에 가트 근처의 싼 호텔을 보여주겠다고 했다. 라이푸르에서도 그렇고 바라나시에 도착하자마자 이렇게 친절한 사람들을 만나다니 이 나라를 싫어하려야 싫어할 수가 없다.

　남자는 나를 태우고 바라나시의 밤거리를 달려 첫 번째 호텔에 도착했다. 그런데 갠지스강은 눈을 씻고 찾아도 보이지 않는다. '뭐 어딘가에 있겠지' 생각하며 물어본 그 호텔의 하룻밤 가격은 무려 1,000루피! 가이드북에서 본 것과는 너무나도 다른 가격인데? 바로 나와 두 번째 호텔에 들어갔고 그 호텔은 무려 1,600루피를 부른다. 더 돌아다니기 귀찮아서 나는 호구같이 이틀 치 요금을 거기서 지불하고 릭샤꾼에게도 돈을 챙겨주었다. 그로부터 24시간이 채 지나지 않아 바라나시 시세보다 5배 이상 높은 방값을 지불했음을 알게 되었다.

다음 날 온 세상을 삼켜버릴 것 같은 소음에 눈이 떠졌다. 어제 확인을 못 했는데 이 방은 창문이 대로 쪽으로 나 있어서 아침부터 밤까지 온 도시의 소리가 들려왔다. 호른 소리는 기본 중의 기본, 소달구지 소리와 힌두교 사원에서 나는 종소리에 흥정하는 소리와 싸우는 소리가 모여 헬게이트를 만들어냈다. 인도에서 숙소를 고를 때는 위생 상태+화장실 상태+전기코드 유무 외에도 숙소의 위치와 창문이 어느 방향인지를 '꼭' 확인하자! 대로변에 위치한 저가 숙소는 소음 때문에 권하지 않는다.

오늘은 그 성스럽다는 갠지스강과 가트를 보러 나섰다. 타지마할이 빠진 인도 여행기는 봤어도 바라나시의 가트가 빠진 인도 여행기는 못 봤다. 그 정도로 이곳은 여행자들에게 중요한 위치를 차지한다. 여행자들뿐인가? 힌두교 최대 성지답게 대부분 인도인들도 생애 한 번쯤은 이곳 순례를 원할 정도로 유명하다. 기대치가 너무 높았나? 나의 '시간보다 오래된 가트에 앉아 자아를 찾고 삶과 죽음을 이해한다'라는 기대 따위는, 가트에 도착하자마자 산산이 깨져버렸다.

어제 릭샤왈라가 호텔 앞에 있다던 가트는 10분을 걸어야 도착하는 거리에 있었다. 가는 길에 길거리 노점에서 (물갈이와 설사의 원인이 된) 도사[12]를 사 먹었다. 사람들에게 물어물어 바라나시의 골목을 빠져나와 도착한 가트. 눈앞에 유유히 흐르는 갠지스강과 가트를 따라 길게 펼쳐진 흙색 사원들. 눈을 돌려봐도 끝이 안 보일 정도로 길다.

---

12)   팬케이크 모양의 남인도 음식.

드디어 도착했구나! 가트를 걸으면서 사진도 찍고 여유롭게 '멍'도 때려가며 갠지스강을 구경하려고 하는데 이 호객꾼들이 말썽이다. 내가 걸을 때마다 주위에서 쏟아지는 우레와 같은 환영. '헬로 촤이나~', '컴 투 마이 숍', '헬로 뿌렌드(Friend), 보트 오께이?', '자빠니스? 위치 꼰뜨리(Which country)'……. 10초를 가만히 놔두질 않는다. 성스러운 도시라는 별명이 없었다면 호객꾼의 도시라고 불러야 할 정도다.

결국 가트를 걷는 계획은 포기. 이어폰을 끼고 벤치에 앉아서 갠지스강을 바라보았다. 지금 흘러나오는 음악은 성스러운 도시와는 전혀 어울리지 않지만 최소한 호객꾼을 피할 수는 있다. 인도 여행 단톡방에 "지금 바라나시 계시는 분?"이라고 물어보니 한국인 형님 한 명이 답장을 했고 몇 분 뒤 가트에서 만날 약속이 잡혔다. 자이푸르 이후로 처음 만나는 한국인이다.

몇 분 후, 드디어 종화 형님과 한국인 누나 한 명을 만났다. 입에 거미줄을 걷어내고 신나게 한국어를 쏟았고 서로 여행한 도시들의 경험을 얘기했다. 인도가 벌써 세 번째라는 종화 형은 가본 도시들도 많았고 배경지식도 상당했다. 어제 호텔 방을 무려 1,600루피를 줬다는 얘기를 하니 형님께서 하신 말,

"야, 여기 방 시세가 300루핀데, 사기 한번 거하게 당했네."

믿었던 성스러운 도시 바라나시의 배신이었다. 몇백 루피도 아니고 무려 5배나 바가지를 씌운 호텔왈라와 릭샤왈라에 화가 났지만 이제 와서 뭘 어쩔 수 있겠나?

기분도 풀 겸 종화 형과 한국인 누나와 함께 한국인 카페를 찾았다. 거기서 한국인들을 좀 보고 누워서 쉬니 살 것 같다. 역시 오랜 여행 중에 만나는 한국인들 사이엔 뭔가 동질감이 있다.

인도는 그랬었지

갑자기 아랫배가 살살 아파 오기 시작했다. 델리에서 오릿샤까지 멀쩡했던 배가 갑자기 왜 이런지 생각할 새도 없이 통증이 심해졌고 결국 저녁에 한국 여행자들과 같이 타기로 한 보트 약속을 뒤로 한 채 호텔로 돌아와야 했다. 그 후는? 10분에 한 번 화장실 순례 당첨. 인도 여행자들이 한 번씩 걸린다는 물갈이에 걸린 것이다.

두 시간쯤 화장실을 들락거리고 호텔 침대에 퍼질러 누웠다. 어느새 저녁이 되어 있었고 창밖의 소음은 더욱 심해졌다. 이런 곳에서 하루를 더 묵어야 한다니, 생각만 해도 끔찍했다. 역시 릭샤왈라들은 믿는 게 아니다.

천장 위의 선풍기가 핑글핑글 돌아갔다. 그날 어찌어찌 잠이 들었지만 경적 소리들 속에 유난히 길게 느껴지는 밤이었다.

이틀째 날.

창문으로 쏟아지는 경적 소리로 시작하는 바라나시의 아침. 머리가 띵했지만 배는 어제보다 괜찮은 것 같았다. 여행을 왔으면 짧은 시간 안에 최대한 많이 봐야 하고, 한곳에 오래 머무르는 것을 싫어하는 나는 호텔 방에서 시간을 때우는 것을 용납할 수 없다. 가이드북에 나온 바나라스 힌두 대학교를 오늘의 목적지로 정하고 호텔을 나왔다.

릭샤를 타고 도착한 대학교의 캠퍼스는 엄청나게 컸다. 캠퍼스를 걸으며 눈에 보이는 건물이란 건물엔 죄다 들어간 것 같다. 1916년에 지어진 정확히 100년 된 대학 건물들엔 먼지가 쌓였고 금이 가 있는 곳도 있다. 오히려 그런 것들이 세월의 흔적을 느낄 수 있어서 좋았다.

그러나 더는 구경할 수 없었다. 나아진 줄 알았던 배가 또다시 말썽이다. 설상가상으로 머리까지 어지럽고 더 걸었다가는 큰일 날 것 같아서 제일 먼저 보이는 릭샤를 잡고 고돌리아를 외쳤다. 평소 같았으면 항상 흥정을 하고 탔지만 지금은 그럴 때가 아니다. 호텔에 도착하자마자 시작된 설사. 아, 머리가 돌아간다. 밖은 쓸데없이 시끄럽고 몸이 와들와들 떨렸다. 자자, 한숨 자고 나면 상태가 나아지겠지. 과연 나아질까?

삶과 죽음에 대한 깨달음을 얻고, 갠지스강에서 보트를 타며 일출과 일몰을 보고, 유유히 흐르는 강가를 보며 명상을 한다는 도시 바라나시에서 아픈 얘기만 쓰는 것 같다. 물론 마지막 날엔 나도 보트를 탔고, 잠깐이긴 하지만 강가를 바라보며 사색에 빠지려는 노력도 해 보았다. 하지만 뭔가를 할 때마다 나타나는 호객꾼 형님들은 그런 노력들을 무색하게 했다. 델리가 그리웠다. 내가 지나가든 말든 신경도 쓰지 않고 도움을 요청하면 제일 먼저 도와주던 델리 사람들이 그리웠다. 델리의 깨끗한 쇼핑몰, 예의 바른 사람들, 흥정이 필요 없는 편리한 교통……. 모든 것이 그리웠다. 분위기가 이상한 이곳을 벗어나는 게 급선무니 다음 날 바로 대도시인 러크나우로 떠나기로 하고 잠이 들었다.

다음 날 아침, 바라나시 기차역으로 가려고 릭샤를 잡으려 하는데 모두들 터무니없는 가격을 부른다. 무슨 축제라서 요금을 많이 받는다고 하는데 그래도 그렇지, 원래 가격에서 300루피나 더 부르는 건 어떻게 봐줘야 되나?

홍정을 시도했지만 전혀 소용이 없었다. 기차 출발 시각은 다가오

인도는 그랬었지

고, 결국 100루피 깎은 300루피에 기차역까지 갔다. 고돌리아에서 기차역까지 요금이 100루피인 걸 생각하면 이건 심각한 바가지다. 뒤숭숭한 마음으로 몇 분을 앉아 있었을까, 저 앞에 기차역이 보였고 도망치듯 달려가 예약한 기차에 들어가 자리를 잡았다. 드디어 여기를 떠나는구나!

엔진 소리가 들리고 바라나시역은 창밖으로 멀어졌다.

Muskuraiye, Aap Lucknow me hain
(웃으세요, 당신은 러크나우에 있습니다)
- Lucknow

웃타르 프라데쉬주의 주도인 러크나우는 아와드 나왑의 수도였기 때문에 이슬람의 영향을 강하게 받은 도시다. 아는 친구는 없지만 라이푸르에 있을 때 콜리지에서 만난 인도 형의 친구가 러크나우에 있다. 러크나우에 가면 그 친구 집에서 머물라며 연락처를 주고 헤어진 인도 형. 뭐가 됐든 일단 도착해 보면 알게 되겠지.

기차는 오후 세 시에 러크나우역에 도착했다. 마중 나오기로 한 사람을 기다리며 치킨을 맛나게 뜯어 먹던 중 갑자기 실내의 모든 불이 꺼졌다. 놀라서 "꺄 후아(무슨 일이야)?"라고 외친 사람은 나 혼자뿐. 인도에서 정전은 일상의 한 부분이다.

40분 뒤에 온다던 그는 한 시간이 훨씬 지나서 나타났다. 딜립 빤데이라고 자신을 소개한 남자. 그를 따라 역 밖으로 나가 오토바이에 탔다. 마음속으로 되새겼다. '이 러크나우는 좋아야 할 텐데…….'

러크나우의 첫인상은 신선했다. 델리 못지않게 화려한 건물들 사이로 이름 모르는 유적지가 갑자기 튀어나왔다. 궁전 같기도 하고 무덤 같기도 했다. 덕분에 40분 동안 전혀 심심하지 않았다.

시 외곽에 위치한 딜립의 집은 옥탑방이다. 나무 침대와 책상이

가구의 전부지만 사람 사는 냄새가 나는 방. 그날 저녁 딜립과 그의 룸메이트 비노드, 이웃 남자 한 명과 둘러앉아 옥상에서 커리를 만들어 먹었다. 한국 이야기를 듣는 청년들의 표정은 사뭇 진지했고 내 얘기를 이렇게 경청해 줘서 고맙기도 했다.

다음 날, 나는 러크나우의 상징인 바라 이맘바라에 왔다. 이맘바라 앞의 거리는 혼잡했고 경적 소리는 다른 도시들과 마찬가지였다. 도로 끝에 루미 다르와자만이 혼자 세기를 가로질러 내려온 듯 서 있다.

오래된 문을 통과해 바라 이맘바라에 들어가니 우측에 돌로 만든 아사피 마스지드가 보였다. 참고로 이맘바라는 시아파 무슬림들이 예배를 보는 곳을 말한다. 러크나우의 첫 번째 나왑인 사다트 알리 칸은 이란 지역에서 넘어왔다고 한다. 시아파의 종주국 이란에서 넘어온 나왑의 후손들은 러크나우를 기반으로 아와드 나왑국을 세웠고 그 영향은 건축물뿐 아니라 음식에도 스며들었다. 러크나우의 케밥은 인도 전역에서 특출나게 맛있기로 유명하다.

세월의 풍파에 빛이 바랬지만 하늘 아래 꿋꿋이 서 있는 오래된 건축물. 그리고 그 옆을 지나가는 세련된 학생들의 무리 사이에 느껴지는 시간의 갭. 조용한 이맘바라 내부에 학생들의 웃음소리가 퍼졌다. 뭐가 그렇게 좋은지 서로 힌디어로 깔깔대며 얘기하는 모습을 보니 같이 기분이 좋아졌다.

이맘바라 안으로 들어가면 '불 불라이야'라는 곳이 나온다. '미로'라는 뜻의 이곳은 침략자들을 교란하고 비상시에 나왑의 피난길로 사용되기 위해 파인 곳인데 델리까지 이어진다는 속설이 있다. 하지만 여행자들은 델리까지 갈 수 없고 가이드의 안내에 따라서만 돌아다닐 수 있다.

허리를 숙이고 미로 안으로 들어가니 밖과 다른 서늘한 기운이 느껴졌다. 조명은 없고 간간이 난 작은 창으로 들어오는 햇빛이 빛의 전부이다. 차가운 벽 표면들은 검게 그을려 있었고 무언가로 긁은 흔적이 보였다.

200년 전에는 이 좁은 길로 누가 오갔을까? 그들은 목적지로 나왔을지 아니면 지하 어딘가로 영원히 사라져 버렸을지 모르는 일이다.

시간 감각이 사라질 때쯤 이맘바라의 꼭대기로 나왔다. 뚫린 창문 너머로 아사피 마스지드와 저 멀리 시계탑이 보였다.

다음 목적지를 생각하던 중 한국에서 만난 인도 친구가 보낸 메시지가 떠올랐다.

"'자네쉬와르 미스라 파크'라고 러크나우에 새로 만든 공원이 있는데 거기 꼭 가봐, 완전 다른 인도의 모습을 볼 수 있을걸?"

인도는 그랬었지

구글 맵으로 검색해보니 여기서 5㎞ 정도 떨어져 있다. 차로 5분
이 걸린다는 지도의 설명만을 믿고 '얼마 안 걸리는데 걸어가 보자!'
라는 생각을 실행에 옮겼다.

처음 15분은 걸을 만했다. 인도(India)에서 보기 힘든 인도(Footpath)도 깔려 있겠다, 인도를 따라서 걸었다. 계속 걸었다. 학교를 지나고 아파트단지 앞을 지나고, 주택단지를 지나서 걸었다. 해는 서쪽으로 떨어져 가고 발걸음은 느려졌다. 표지판을 보면 제대로 가고 있는 건 맞는데 목적지가 왜 안 나타나지?

해마저 서쪽으로 떨어지기 시작했고 이대로 계속 걸어갈 수는 없겠다는 생각이 들었다. 하필 그때 서 있는 곳이 다리 한복판이라 물어볼 사람도 없고 릭샤도 지나다니지 않는 건 무슨 운명의 장난인가?

갑자기 오토바이 한 대가 앞에서 멈췄다. 사진을 찍기 위해 멈춘 것 같은데 기회를 놓치지 않고 오토바이 사내에게 다가갔다.

"자네쉬와르 미스라 파크가 여기서 얼마나 먼가요?"

"앞으로 쭉 가기만 하면 되는데, 같은 방향으로 가는 길이라오. 타세요."

잠깐 고민했지만 그 사람의 무성의한 말투를 보아하니 다른 의도는 없어 보였다.

사내는 나를 태우고 쭉 직진해 정확히 자네쉬와르 미스라 파크 정문 앞에 내려놓고 사라졌다. 길에서 만난 사람답게 이름도 묻지 않았다.

이른 저녁을 맞은 공원은 사람들로 붐볐다. 안으로 들어가니 한강이 생각나는 잘 닦인 도로와 잔디, 가로등이 보였다. 앞에 잔디밭에서 게임을 하고 있는 인도 대학생들의 웃음소리가 들려왔다. 기분 좋은 저녁이다.

다리가 아파서 벤치에 앉아 사람들을 바라보았다. 게임에 집중하는 대학생들, 뛰어다니는 아기들, 그 모습을 지켜보는 부모님, 데이트 나온 커플들까지……. 혼자지만 혼자가 아닌 듯한 이 느낌. 바라나

인도는 그랬었지

시보다 기대를 안 하고 온 이곳 러크나우가 몇 배는 좋다. 여기는 호객을 하는 사람도, 쓸데없이 귀찮게 하는 사람들도 없었다.

몇 분 앉아 있다가 다시 일어나 걸었다. 공원 안쪽으로 들어가니 분수가 나왔고 하늘엔 황혼이 지고 있었다. 조금 전까지 푸른빛이었던 하늘이 황금빛으로 변했고 태양은 마지막 빛을 내뿜으며 구름 너머로 사라졌다.

혼자 정신을 놓고 이 광경을 보고 있었다. 아, 혼자가 아니다. 주위엔 나랑 같이 이 광경을 지켜보던 사람들이 있었다. 가족들, 모자 쓴 청년들, 연인들과 아이들까지. 잊을 수 없는 아름다운 도시의 아름다운 날이었다.

잔시와 오르차
- Jhansi&Orchha

러크나우를 떠나는 날 옆집과 밑층에 사는 사람들까지 나와서 같이 사진을 찍었다. 친척이 와도 머물 공간과 음식까지 제공해 주는 사람들이 흔하지 않은 요즘, 이들의 대접은 영원히 기억에 남을 것이다.

다음 목적지인 잔시로 가는 기차는 제시간에 출발했다. 정말 안 터지는 데이터를 간신히 연결해 무스칸에게 전화를 걸었다. 델리에 도착했을 때 가족과 기사까지 소개해 주고 잔시는 자기 남편 아미트의 고향이니 그 집에 머물라는 무스칸. 이런 친구들의 도움이 없었으면 첫 인도 여행에서 놓치는 게 얼마나 많았을지.

아직 겨울의 한기가 남아 바깥 풍경은 삭막했다. 경작이 시작되지 않은 갈색 밭과 작은 마을들, 강 위의 다리를 건너 기차는 잔시로 향해 달려가고 있다.

어느새 해는 넘어갔고 기차가 다리를 건널 때마다 덜컹거리는 소리와 함께 의자가 떨렸다. 칠흑 같은 어둠이 깔린 바깥 평야에 기차 엔진 소리가 공허하게 울려 퍼졌다.

창밖으로 하나둘씩 집들이 보이기 시작한다. 잔시에 진입한 것이다. 기차는 속력을 늦추고 잔시역에 멈췄다. 불이 켜져 있는데도 플랫폼에는 어두운 분위기가 감돌았다. 떠돌이 개, 바닥에서 자는 사

인도는 그랬었지

람들, 그리고 인도 기차역 특유의 냄새까지.

앞에 서 있는 남자들이 투박한 분델리어[13]로 얘기하는 소리가 들려왔다. 인도 영화에서만 듣던 억양이다. 마치 여기는 대도시와는 다른 우리들 세상이라고 말하는 듯하다.

출구로 나와 누군가를 알아보는 데는 많은 시간이 걸리지 않았다. 아니, 그가 나를 알아보았다. 검은 피부에 턱수염이 짙은 남자는 나를 보고 물었다.

"리준학 씨?"

"네?"

"무스칸이 보냈소. 그분 남편 아미트의 사촌이오. 갑시다."

우리 둘은 밖으로 나와 닭장만 한 버스에 탔다. 한국 마을버스의 3분의 1 정도 되는 작은 버스엔 노란 조명 하나가 전부였다. 지금껏 거쳐왔던 도시와는 전혀 다른 분위기의 이곳. 이제 어디로 가는 건가?

다행히 그 버스에 오래 앉아 있지 않았다. 어느 장소에서 멈췄는데 거기엔 나를 데리러 온 남자의 오토바이가 있었다. 우리는 그제야 말을 트고 통성명을 했다. 자신을 아르빈드라고 소개한 남자는 나를 태우고 적막한 잔시 시내를 달렸다. 밤이 깊어서 사람도 별로 없었고 어둡게 켜진 가로등만이 시내를 밝혔다. 사거리를 지나 고속도로를 거쳐 어느 한적한 주택 앞에 오토바이가 멈췄다.

"아미트의 집입니다."

주위는 허허벌판이고 하늘은 어두웠다. 안으로 들어가니 잘 꾸며진, 온 식구를 품은 거실이 보였다. 아미트의 어머니, 친척들, 아르

---

13) 중부 인도에서 쓰이는 힌디어의 한 방언.

빈드의 아내와 한 살 먹은 갓난아기까지. 오랜만에 느끼는 밝은 분위기다. 소박한 저녁을 먹고 잠이 들었다.

다음 날 새벽에 일어나 집 밖으로 나왔다. 아무것도 없는 허허벌판인 줄 알았는데 다시 보니 집들도 있고 이름 모를 꽃들이 보인다. 새벽 한기에 꽃잎 끝에는 이슬이 서려 있다. 저 멀리까지 펼쳐진 초록색 풀밭을 따라 걸었다. 이른 아침의 풀밭에는 조용한 한기가 느껴졌다.

그때 뒤에서 누군가 말을 걸었다. 어젯밤에 거실에서 본 청년이다.

"벌써 일어났네요. 여기서 혼자 뭐 하세요?"

"풍경 좀 보고 있어요. 이런 곳에선 일찍 일어나죠."

"우리 마당이 참 예쁘죠. 제 이름은 앙꾸쉬고 아미트의 친척입니다."

"몇 살이세요?"

"스물둘이에요. 시내의 발전소에서 일합니다."

이런저런 얘기를 나누며 우리는 마당을 걸었다. 서서히 해가 뜨며 한기는 사라졌고 하늘은 파란빛으로 물들기 시작했다.

인도는 그랬었지

아침을 먹고 앞마당에 가족들과 의자를 깔고 앉아 있으니 옆집 사람들이 시선이 느껴졌다. 그들 중 내 또래로 보이는 잘생긴 인도 청년이 말을 걸었다. 시원한 이목구비에 걸걸한 목소리를 가진 청년은 첫인상이 좋았다. 이름은 프라틱이고 나이는 나와 같다. 어쩌다 보니 이 먼 곳에서 동갑인 친구를 두 명이나 알게 되었다. 내 마음을 읽었는지 그는 같이 오르차에 가겠느냐고 제안을 했다. 이 청년이 좋아진다.

우리는 차를 타고 오르차로 출발했다. 돌이 울퉁불퉁하게 깔린 길 위로 강 따라 달리는 여정. 바람이 솔솔 불어와 상쾌했다. 한 시간 후에 웬 검문소를 하나 지나고 작고 오래된 문을 통과하니 오르차 시내가 시작되었다. 정말 작은 시골 마을이다.

차를 세우고 밖으로 나오니 앞에 웅장한 궁전이 보였다. 이곳의 상징인 자항기르 마할이다.

우린 궁전을 이정표로 삼고 걷기 시작했다. 다른 시골과 달리 오르차의 거리는 인도 관광객들로 북새통을 이루었다. 쉴 새 없이 문을 통과하는 버스를 보니 수학여행지로 인기가 있는 것 같다.

좀 더 걸으니 사원 하나가 나왔는데 그 모습이 내뿜는 아우라가 굉장했다. 원래의 색이 있었을 것이다. 갈색으로 바랜 외관에 웅장하게 솟은 첨탑을 보니 드라큘라 성이 떠올랐다. 수많은 비밀을 품은 것 같은 검은 창문들까지. 천둥 치는 날의 풍경을 상상하며 발걸음을 떼었다. 멀어 보였던 궁전이 어느새 눈앞에 다가와 있다.

안으로 들어가니 네모난 회랑이 나왔다. 사방을 네모나게 둘러싼 궁전의 모습이 환상적이다.

인도는 그랬었지

어두컴컴한 복도를 타고 꼭대기 층에 도착하니 부서진 창 너머로 오르차의 전경이 한눈에 들어왔다. 창틀 가까이 가니 한 사람이 앉을 수 있는 공간이 있다. 몸을 구겨 앉아 그 평화로운 풍경을 감상했다. 멀리서 불어오는 바람, 하늘 밑 유유히 흘러가는 강의 모습에 모든 걱정을 실어 흘러보낸다.

그 순간, 나는 행복했다. 정말로 행복했다.

우리는 자항기르 마할을 나와 뒤로 난 샛길을 따라 걷기 시작했다. 눈길을 끄는 건 길옆에 버려진 유적지의 잔해였다. 어떤 건 사원 비슷하게 생겼고 또 어떤 건 별장처럼 생겼다. 세월에 휩쓸려 부서지고, 바랜 채 서 있는 유적을 보니 시간의 경계가 희미해짐을 느꼈다.

문득 지금 이 샛길의 예전 모습이 떠올랐다. 한때, 이 길은 사람들로 붐볐을 것이다. 대체 이 폐허들은 어떤 용도로 쓰였을까? 과거의 영광과 사람들이 모두 떠나고 쓸쓸히 남겨진 잔해들은 서서히 부식되고 있다.

돌아가는 길에 프라틱이 말했다. "이제 시장에서 저녁을 사 가자. 오늘 저녁은 치킨 좋지?"

집으로 돌아오는 길에 치킨을 샀다. 한국처럼 가판대에 진열된 깨끗하게 포장된 고기를 고르는 방식이 아니다.

어두운 길거리에 산딥 삼촌이 차를 세우고 내리라고 한다. 앞에 희미한 전구가 매달린 천막이 보인다. 천막 한쪽에 쌓여 있는 닭장, 그 안에 살아있는 닭들. 프라틱이 한 놈을 고르니 주인아저씨는 가차 없이 손을 넣어 지목된 녀석을 꺼낸다. 다른 한 손에 번쩍이는 칼날. 몇 번의 푸드덕 소리.

잠시 후 아저씨가 검은 봉지를 내밀었다. 방금 닭장에서 봤던 놈이다. 놀란 사람은 나 혼자, 여기선 일상이다. 원래부터 이렇게 해 왔으니 아무도 잔인하다고 하지 않는다.

그날 저녁은 더 맛있었다. 시골집에서 요리한 치킨커리와 기[14]를 듬뿍 바른 로띠, 차가운 물에 담가 놓은 달콤한 망고까지. 이곳에서만 먹을 수 있는 음식들을 마음껏 먹었다.

---

14) 인도식 버터.

인도는 그랬었지

소문만큼 나쁘지 않은 아그라
- Agra

안 가겠다고 단단히 마음먹지 않은 이상 북인도를 여행하는 사람 중에 타지마할을 건너뛰는 이는 거의 없다. 그곳의 호객행위가 유명하다는 말을 들었지만, 이미 자이푸르와 바라나시의 호객꾼을 겪은 나는 마음의 준비가 되었다.

아침 일찍 잔시를 출발한 기차는 해가 쨍쨍한 오후 한 시에 아그라에 도착했다. 바라나시역에서 먼저 접근한 릭샤왈라한테 된통 당한 기억 때문에 귀에 이어폰을 장착했다. 역 반경 200m 이내에서 접근하는 왈라는 상종도 하지 않을 계획이다. 게다가 이번엔 숙소도 예약하고 왔으니 헤멜 필요도 없다. 그렇게 역을 빠져나오는 중 누군가 어깨를 툭툭 쳤다. 돌아봤더니 역시나 릭샤왈라다. 무시하고 가려고 하는데 끈질기게 어디로 가냐고 물어본다. 떠보기 식으로 숙소가 위치한 지명을 말했다. 가이드북에서 본 적정 요금보다 높으면 바로 '빠이빠이'다. 그런데 이 왈라, 의외로 첫 번에 100루피를 부른다. 아그라역에서 내 숙소까지의 거리를 생각하면 100루피는 흥정이 필요 없는 적정 가격이다. 바로 그의 릭샤를 타고 시내로 나왔다. 길의 거의 모든 표지판에는 타지마할의 방향과 거리가 적혀 있다. 타지마할이 한 도시를 먹여 살리는 셈이다.

릭샤왈라는 예약한 숙소 바로 앞에 나를 내려주고 단돈 1루피도 더 요구하지 않았다. 어라? 이건 내가 들었던 아그라에 대한 이미지와 완전히 다르다. 피부가 요 며칠 새까매져서 그럴 수도 있고…….숙소의 상태도 좋았다. 부킹닷컴으로 예약한 숙소였는데 아주 깔끔한 방이 단돈 350루피. 아그라, 악명과는 달리 시작이 좋다. 이곳의 백미인 타지마할은 내일 보기로 하고 푹신한 침대 위에 퍼졌다.오랜만에 편안한 침대에서 낮잠이다.

아그라 음식은 맛이 없다는 악평과는 다르게 저녁도 만족스러웠다. 숙소 식당에서 시킨 치킨 비리야니[15]는 본연의 깊은 맛을 충실히 냈다. 역시 어떤 장소를 알기 위해서는 리뷰든 뭐든 다 차치하고 일단 거기에 직접 가 봐야 한다. 남들이 다 좋다는 장소가 나한테도 좋을 순 없고, 평이 좋지 않은 도시가 꼭 그렇다는 보장은 없지 않은가?

✦ 하늘 아래 내려앉은 깃털 같은 건축물, 타지마할

드디어 인도 여행의 핵심, 인도 건축의 백미라고 하는 타지마할을 볼 아침이 밝았다. 숙소에서 타지마할 입구까지 수많은 호객꾼들과 릭샤왈라들의 호객을 무시하고 매표소에 도착했다. 티켓은 2016년 기준으로 외국인 가격이 750루피(글을 쓰고 있는 현재는 1,300루피로 올랐다!), 가난한 여행자의 하루 생활비에 해당하는 금액이라 눈물을 머금고 돈을 꺼냈다. 그래도 입구에서 끝이 안 보이는 인도인 줄에 설 필요 없이 외국인을 우선 입장시켜 주는 딱 하나의 좋은 점이 있다. 경찰의 호위를 받으며 입구를 통과하는데 인파가 엄청났다. 힌디어 외에도 인도 전 지역의 언어가 들렸고, 외국인 관광객들

---

15) 향신료가 많이 들어간 인도식 볶음밥.

인도는 그랬었지

의 다양성은 가히 인종 전시장을 방불케 했다.

입구를 통과하면 대문이 나온다. 강렬한 붉은 사암으로 만든 대문 벽면에는 아라베스크 기법으로 꽃문양과 쿠란의 구절을 새겨 놓았다. 진짜 백미는 이 뒤에 있는데 벌써부터 가슴이 뛰기 시작했다. 이제 이것만 통과하면!

대문으로 들어가서 가장 먼저 보인 것은 엄청난 수의 뒤통수였다. 앞으로 가지 않고 그 자리에 서 있는 뒤통수들은 앞에 뭔가 대단한 게 있다는 것을 암시하고 있었고 그것은 서서히 내 시야에도 들어오기 시작했다.

무굴 제국의 황제 샤 자한이 아내 뭄타즈의 죽음을 애도하며 각국에서 기술자들을 동원해 22년에 걸쳐 지었다는 역사는 대부분이 아는 얘기다. 인도에 털끝만큼의 관심이 없어도 교과서나 인터넷을 통해 누구나 한 번쯤 읽어봤을 진부한 설명 따위는 실제 타지마할을 눈앞에서 보는 순간 머리에서 지워진다. 푸른 하늘 아래 깃털처럼 내려앉은 새하얀 대리석 건물. 그 앞에 잘 가꿔진 푸른 정원과 잔잔히 흐르는 물. 1년 동안 덜 자고, 덜 쓰고, 덜 놀며 모은 돈으로 여기까지 찾아온 여정은 헛되지 않았다. 아까 본 뒤통수들처럼 나도 그 자리에서 몇 분을 가만히 서 있었다.

가까이 갈수록 타지마할은 그 위용을 드러냈다. 한 가지 아쉬운 점은 그때 공사가 진행 중이라서 미나르(탑)에 철골을 씌워 놨다는 것이다. 하지만 완벽한 날씨에 조화된 대리석에서 느껴지는 아름다움은 철골도 잊게 할 만큼 강했다.

시간이 많이 지났지만 그날의 기억이 선명한 이유는 또 있다. 타지마할에서 만난 사람들. 그날 거의 3시간 동안 죽치고 앉아 건물과 사람들을 구경했다. 말을 걸어주는 사람이 많아서 심심할 틈이 없었다. 이것은 우리 조상이 만든 거라고 자랑스럽게 말하던 뭄바이에서 온 무슬림 청년들, 우리나라의 언어를 배워서 고맙다는 비하르에서 온 노인들, 어떻게 힌디어를 배웠냐며 신기해하는 델리에서 여행 온 하얀 피부의 학생들까지. 타지마할 자체의 아름다움과 그곳에서 만난 사람들은 악명 높은 아그라에 대한 좋은 이미지를 남기는 데 일조했다.

인도는 그랬었지

19

인도의 다른 얼굴 뭄바이
- Mumbai

인도를 여행한 지 벌써 한 달이 지났다. 국민 코스인 자이살메르, 우다이푸르, 조드푸르를 제치고 뭄바이를 택한 데는 두 가지 이유가 있었다. 첫째는 현대적인 쇼핑몰이 너무 그리웠고, 둘째는 뭄바이에 있는 친구들을 만나러다. 인도 최대의 경제도시 뭄바이에는 쇼핑몰이 넘쳐난다는데 거기서 친구들을 만나면 완벽하다.

밤이 깊은 시각 플랫폼에 기차가 들어왔다. 객차 안에는 불이 꺼져 있었고 담요를 덮고 자는 승객들만 보였다. 다행히 내가 예약한 자리는 비어 있다. 처음 타 보는 에어컨 칸은 쾌적했고 자리를 가지고 입씨름할 필요도 없었다. 자리에 놓인 담요를 펴고 바로 누웠다. 쏟아지는 졸음에 덜컹거리는 소리가 멀어져 갔다.
기차로 하루 반을 가야 도착하는 뭄바이. 객차의 분위기는 전과 같다. 같은 칸에 앉은 사람들과 대화가 오가고, 매우 맛없는 기차 도시락을 먹고, 음악도 듣고 짜이를 마시며 바깥 풍경을 바라보니 어느새 저녁이 되었다. 한 번만 더 자고 일어나면 뭄바이에 도착한다.

새벽 다섯 시, 조용하던 객차가 갑자기 분주해졌다. 밖으로 보이는 풍경은 지금까지 봐 오던 어두운 들판의 그것이 아니었다. 높은 고층 건물과 차들로 가득한 포장도로가 보였다. 인도 경제의 수도,

꿈의 도시 뭄바이에 도착한 것이다.

'차뜨라빠띠 쉬바지 레일웨이 스테이션(Chhatrapati Shivaji railway station)'이라는 길고 아름다운 이름을 가진 뭄바이역에 내렸다. 새벽인데도 엄청나게 덥고 습했다. 바다가 바로 옆에 있어서 1년 365일 더운 뭄바이. 꿈의 도시란 별명답게 역은 인도 전역에서 온 사람들로 인산인해였다. 생선 박스를 옮기는 사람들, 지금 막 카슈미르에서 도착한 여인, 남인도에서 온 듯한 직장인들……. 정말 정신이 없었다.

지금 내가 갈 곳은? 없다. 친구 두 명이 데리러 온다고 해서 뭄바이에 대한 사전 조사를 거의 안 했다. 친구들이 올 때까지 기다려야지 어쩔 수 있나?

기다리는 동안 전기가 두 번이나 나갔고 화장실 안에서 누군가 "빠니 개야(물이 나갔어)!"라고 다급히 외치는 걸 보니 물도 몇 번 끊겼나 보다. 역시, 인크레더블 인디아.

두 시간 뒤, 입구에서 걸어오는 낯익은 얼굴이 보였다. 2014년에 페이스북으로 알게 되어 스카이프로 계속 연락해 온 친구; 한국에 가는 게 꿈이라며 드라마로 한국어를 공부하고 내가 한국에 대해 얘기할 때면 항상 눈을 크게 뜨고 듣던 친구 깔랴니. 결국 인도에서 만나게 되었다. 그리고 조금 후에 나타난 안사리는 하얀 피부에 매혹적인 눈을 가진 인도 미인이다. 페이스북, 왓츠앱에서 매일 보던 프로필 사진보다 실물이 더 예뻤다.

우리는 역을 빠져나와 숙소 밀집 지역으로 가려고 택시를 탔다. 안에서는 보이지 않지만, 영국 식민시대에 건축된 기차역의 외관은 눈이 튀어나올 정도로 크고 화려했다. 택시 창문 밖으로 보이는 뭄

　　　　　　　　　　　　　　　　　　인도는 그랬었지

바이의 첫인상은 지금까지의 다른 도시들과 달라도 너무 달랐다. 고층 빌딩들 사이로 지은 지 백 년 이상은 돼 보이는 오래된 유럽식 건축물들이 공존한다. 식민지 시절의 유산이다.

몇 번의 시도 끝에 그란트 로드라는 곳에 숙소를 구했다. 무슬림 밀집 지역이라 다양한 고기를 먹을 수 있다고 귀띔하는 안사리의 말은 맞았다. 4일간 다양한 고기를 정말 원 없이 먹었다.

✦ 같은 나라, 다른 세계

방에 배낭을 던지고 다시 밖으로 나왔다. 오릿샤와 찻티스가르, 웃타르 프라데쉬를 여행하는 동안 현대적인 도시가 너무 그리웠다. 그런 면에서 뭄바이는 가히 신세계였다. 한국 수준의 고층 건물들이 곳곳에 보이고 대도시만의 바쁜 분위기가 있다. 쇼핑몰이 갈급했던 나를 친구들은 피닉스 몰이라는 곳에 데려갔고, 그날 나는 인도의 새로운 얼굴을 봤다.

외부와 온도 차이가 10도 이상은 날 정도로 **빵빵**하게 돌아가는 에어컨, 은은한 조명 위로 천장에 달린 금빛 샹들리에, 먼지 하나 없는 대리석 바닥. 흔히들 생각하는 인도의 이미지와는 완전히 다른 곳이었다. 하지만 내부 디자인보다 놀라운 것은 그곳을 찾는 사람들이었다.

밖에서는 전혀 보이지 않는 핫팬츠에 아찔한 탑을 입은 여학생들, 그들은 힌디어나 이곳 지역어인 마라티어는 전혀 쓰지 않고 영어로만 대화했다. 발음도 미국 본토식이다. 대도시의 새로운 계급 제도에서 사람들을 구분 짓는 것은 혈통이 아닌 옷차림과 언어다. 밖의 사람들과 다른 옷을 입고 다른 언어를 쓰는 것만큼 확실한 구분 수단은 없다. 조금 전까지 걸어온 길거리와는 너무나 다른 그들만의 세계. 이 나라는 몇 개의 얼굴을 가진 걸까?

인도는 그랬었지

✦ 다시 찾은 바다

그날 저녁, 한 달 만에 바다를 다시 찾았다. 한국에서 흔하디흔한 바다가 뭐 그립냐고 생각할 수도 있지만, 한국인이라 바다가 그리웠다. 뭄바이의 부촌이자 대표적 상업 지구인 콜라바. 그 앞으로 쫙 펼쳐진 드넓은 아라비아해를 품은 초파티 해변. 파도 소리를 듣자 가슴에서 무언가 느껴졌다. 힌두스탄 평야도 좋지만, 역시 한국인은 산과 바다를 주기적으로 봐 줘야 되나 보다.

일이 있는 안사리는 먼저 떠났고 깔랴니와 함께 모래사장을 걸었다. 천만 이상의 인구를 품은 뭄바이 앞바다의 수질은 영 별로였지만 해변 자체의 분위기가 좋았다. 도로를 따라 산책하는 시민들, 방파제에 앉아서 바다를 보는 커플들, 먹거리를 파는 수레들까지 모여 작은 축제 분위기가 났다.

우리는 산책로에 자리를 잡고 앉았다. 바닷바람의 짠맛이 느껴졌다.

"기억나? 3년 전 우리가 스카이프로 처음 얘기할 때는 이렇게 진짜 만날 거라고 생각도 못 했어."

"친구들을 만나러 여기까지 온 건데. 다음엔 꼭 한국에서 만나자."

"언제 가게 될지 모르겠네, 꼭 가고 싶은데……."

일자리가 풍부하지 않고 그마저도 월급이 낮은 인도에서 아르바이트를 해서 해외에 간다는 건 대부분의 사람들에겐 꿈의 얘기다. 바다 저편에 빼곡히 솟아오른 고층 건물들이 보였다. 하지만 대다수 서민들의 삶은 저 화려한 고층 건물과는 동떨어져 있다. 아시아에서 가장 큰 슬럼가가 뭄바이에 있다는 사실은 비밀도 아니다.

20

따스하지 않은 따스님

3년 전에 그 아이를 알게 되었다. 얘기를 많이 했고 많이 싸우기도 했다. 나이는 나와 같고 공부 때문에 온종일 바쁘게 사는 친구. 그래도 뭄바이에 왔다고 마지막 날에 나를 만나러 왔다. 따스님이라는 이름을 가졌지만 이름처럼 따스하지 않은 아이. 차가운 것 같지만 그래도 따뜻한 면이 있다(앞뒤가 안 맞는다). 만나서 했던 얘기는 다른 친구들과도 하는 지극히 평범한 얘기들뿐이지만, 내가 뭄바이에 처음 왔을 때, 2017년 뭄바이를 떠날 때 마지막으로 만나러 온 너. 건축학도라 매일 잠을 설치고 일만 하는 너. 3년 전부터 한국에 가고 싶다는 너의 꿈은 지금 책을 쓰는 시점에도 이루어지지 않았네. 이름과는 달리 전혀 따스하지 않은 너를 꼭 한국에서 보고 싶다. 언젠가!

너의 꿈은 언제 이루어질까?

그리운 델리로
- Delhi

처음에도 썼지만 나는 델리가 좋다. 쇼핑몰, 맛있는 음식, 지하철, 유적지, 시장에 번화가까지 없는 게 없는 델리. 때마침 오릿샤에서 돌아온 라자트가 델리에 오면 자기 집에 머무르라고 초대한 것은 신의 한 수가 아닌가? 뭄바이를 끝으로 인도에서 남은 13일을 델리에서 보내기로 했다.

인도 여행의 마지막 기차를 타고 뭄바이를 떠났다. 2월부터 지금까지 여기서 보냈던 날들, 만났던 사람들이 필름처럼 떠올랐다. 첫 여행이라 기대감이 컸고 그것 때문에 더 재밌었던 여행. 길에서 만난 사람들은 그 재미를 더하는 향신료 역할을 했다. 델리의 샤룩과 친구들, 오릿샤의 라자트 가족들, 라이푸르의 딴비와 학생들, 바라나시의 한국인 형님들, 러크나우의 딜립, 길에서 만난 사람들과 잔시의 아미트 가족, 그리고 뭄바이의 친구들이 없었다면 이번 여행이 이렇게 재밌었을까? 정말 '사람'이 인도 여행에서 큰 비중을 차지하는 것 같다.

다음 날 오후에 기차는 델리에 도착했다. 강한 델리 힌디어 억양이 들린다. 한 달 반 동안 정말 그리웠다! 이제 또 다른 그리운 얼굴을 볼 때가 됐다.

릭샤는 북부 델리의 한 빌딩 앞에 나를 내려주었다. 위에서 익숙한 목소리가 들렸다.

"헤이 준학~ 우빠르 데코(위를 봐)!"

발코니에서 손을 흔들고 있는 라자트, 한 달 만에 다시 보는 반가운 얼굴. 그의 집에 짐을 풀고 한숨 돌렸다. 이제 귀국 날까지 델리를 즐기기만 하면 된다.

✦ 지하철

델리에서 나의 발이 되어준 건 지하철이다. 바깥 도로와는 다르게 쾌적하고 편하다. 게다가 릭샤와 달리 매번 요금을 놓고 흥정할 필요도 없으니 전 인도 최고의 교통수단으로 불려도 손색이 없다.

친구들을 만나서 온종일 돌아다니다 저녁이 되면 지하철을 타고 돌아간다. 퇴근하는 사람들과 학생들, 그 외 다양한 사람들이 섞인 저녁의 지하철 내부. 창밖을 보면 해가 지고 있다. 높은 고층 빌딩 사이로 가끔 울창한 숲이 보이는 델리. 한국의 퇴근 시간과 분위기는 비슷하지만 주위의 사람들과 바깥의 풍경이 여긴 인도라고 말해준다.

우리 모두는 일상을 탈출하고 싶어 하면서도 한편으로는 그 일상

인도는 그랬었지

을 그리워한다. 한국에서 지하철을 타다가도 가끔 생각나는 풍경들. 꾸뚜브 미나르 뒤로 가라앉던 해, 힌디어 대화들……. 다른 나라에서 보낸 평범한 시간이라 더 생각나는 걸지도?

✦ 찬드니 촉

다시 찾은 찬드니 촉은 여전했다. 차와 사람이 뒤엉켜 혼돈의 카오스를 이루고 길바닥에 신발, 벨트, 가방 등등을 난잡하게 쌓아놓고 파는 바자르(시장). 전에 여기서 샤룩이 했던 말이 생각난다.

"여기선 모든 브랜드의 신발, 가방을 아주 싸게 구할 수 있지요. 필요한 거 있으면 말하세요. 내가 보여주리다."

이걸 말하는 거였구나. 당연히 모든 물건들은 조잡한 가짜다. 하지만 시장의 인파는 델리의 다른 지역보다 훨씬 많았다. 소득은 적지만, 멋을 내고 싶은 마음은 적지 않은 델리 서민들을 위한 시장인 셈이다.

혼자서 여길 온 이유는 이곳의 음식 때문이다. 샤 자한이 건설한 올드 델리의 중심인 자마 마스지드 옆에 위치한 찬드니 촉. 수도의 발전에서 홀로 소외된 것 같은 좁은 골목들 위로 전선이 아슬아슬하게 엉켜 있다. 이슬람 복장에 모자를 쓴 사람들 사이로 딸랑이며 지나가는 릭샤의 파도에 정신이 나갈 것 같았다. 내리쬐는 인도의 태양과 삶의 열기가 뒤섞여 용광로 같은 에너지를 발산한다.

그 골목엔 '맛'이 있다.

케밥 굽는 냄새와 강력한 탄두리 치킨의 색이 여행자를 유혹한다. 갖가지 향신료를 뿌려 구워낸 치킨은 그 화려한 색으로 시각을 사로잡는다. 입에 넣는 순간 강력한 향과 즙이 미각을 타고 몸으로 전해진다. 그리고 콧물을 쏟는다.

그렇게 찬드니 촉의 음식들은 맵다. 처음엔 그 이질적인 맛에 진땀을 뺐지만, 그 맛에 이끌려 몇 번이고 다시 찾았다. 매콤한 니하리[16]에 찍어 먹는 난, 치킨 커리와 양고기 케밥을 섞어 먹으면 이마에 땀이 맺혀 있다.

16) 매콤한 양고기 수프.

귀국

쇼핑도 하고, 지하철로 구경도 다니고, 친구들과 술도 먹다 보니 델리에서의 날들은 빠르게 지나갔다. 어느새 귀국할 날이 되었다.

하늘이 참 파랬던 그 날, 지하철의 사람들과 도로에 다니는 차들은 전과 똑같았다. 과도한 쇼핑으로 점점 늘어나는 내 가방의 무게만 빼고.

라자트의 집에서 낮잠을 잤다. 눈을 뜨니 저녁이다.

내일 이 시간이면 나는 더 이상 이곳에 없다.

마지막이라고 라자트는 치킨을 만들어주었다. 향신료를 뿌려 오븐에 구워낸 치킨은 그럭저럭 맛있었다. 바깥 하늘은 완전히 어두워졌다. 즉, 떠날 시간이 얼마 안 남았다.

택시를 타고 두 달 전에 빠져나온 곳으로 돌아갔다. 이제 현실로 돌아가야 할 때다.

"나 지금 공항이야. 세 시간 뒤에 비행기 탄다."

"벌써 가네? 그때 만나서 재밌었고 나중에 다시 만나자."

"그래, 꼭 언젠가."

전화 너머로 들리는 친구들의 목소리에는 아쉬움이 묻어났다. 그들도 내 목소리를 듣고 똑같이 느꼈겠지.

비행기는 정해진 시각에 이륙했다. 인도인 축제란 축제는 모조리 찾아다니며, 식당에서 일해 가며, 여행기를 정독하며 3년 동안 세운 계획이 끝났다. 창밖으로 반짝이는 델리 시내가 보였다. 두 달 전과 똑같은 광경, 그 사이에 신기루처럼 지나간 시간들. 화려하던 노란 불빛은 점점 희미해졌고 어느새 어둠에 묻혀 사라졌다.

안녕, 인도! 잘 있어라, 보고 싶을 거야.
꼭 다시 만나자.

Part 2

인도에서 살며,
여행하며

다시 시작된 인연

　며칠간 여행의 후유증에서 벗어나지 못했다. 늦잠을 자고 일어나면 벽에 인도의 길거리가 아른거렸다. 다른 애들처럼 대학에 들어간 것도 아니라서 아무 일 없이 보내는 날이 지속되었다. 작은 식당과 호텔에서 몇 번 아르바이트도 했지만 성에 차지 않았다. 계속 이렇게 가만히 있을 수는 없고 뭐라도 해야겠다는 생각이 들었다. 이왕이면 인도에 관련된 것으로 말이다.

　한국에 사는 인도 친구들 몇 명을 만났다. 대부분은 만나서 평범한 얘기를 나누며 술이나 마시는 게 전부였지만, 비샬이라는 친구가 지나가듯 던진 말이 내 뇌리에 박혔다.

　"인도가 그렇게 좋으면 인도 대학에 가 보지 그래? 외국인들은 특별 코타가 있어서 쉽게 들어갈 수 있을걸?"

　"근데 나는 인도에서 학교를 안 다녔잖아? 그리고 인도도 한국처럼 입학시험 봐야 하지 않나?"

　"입학시험 안 보는 대학들도 꽤 있어."

　그렇다. 외국인은 입학시험을 치지 않아도 되는 인도 대학들이 꽤있다. 이런 엄청난(?) 정보를 얻은 나는 부모님을 설득해 서류를 들고 인도 유학원을 전전했다. 학교 다닐 때 관심 있게 본 적도 없는 생활기록부와 성적부, 졸업증명서를 영어로 번역하고 공증까지 마쳐서 유학원에 제출한 지 몇 주가 지났다. 그동안은 새벽 네 시까지 컴

퓨터로 유튜브를 보다 잠들어 오후 두 시에 일어나 인도 음악 좀 듣고, 주말엔 친구들과 놀러 나가는 백수 인생의 끝판왕을 달렸다.

여느 때처럼 오후 두 시에 낮잠을 즐기고 있을 때였다. 전화벨이 울렸다. 잠결에 받아 보니 그 유학원이다.

"준학 씨, 유학원인데 지금 통화 괜찮으신가요?"

"네. 무슨 일이죠?"

"다름이 아니라 뿌네 대학교에 입학 허가가 났습니다. 이제 여권을 대사관에 제출하고 학생비자만 받으시면 됩니다."

잠이 싹 달아났다. 아직도 그 전화를 받았을 때의 느낌을 잊을 수가 없다. 소름이 머리끝에서 척추를 타고 발끝까지 전해졌다.

"지…… 진짜요?"

목소리가 떨렸다. 방금 잠에서 깨서일까? 들은 말이 사실인지 아닌지 확신이 서지 않았다. 사실, 믿기지가 않았다고 표현하면 정확하다.

"네. 대학 측에서 입학 허가서도 나왔어요. 그 서류를 대사관에 제출하시면 학생 비자가 나옵니다. 6월에 입학 절차가 시작되니 출국 준비도 하시면 돼요."

6월까지는 한 달이 채 남지 않았다. 전화를 끊고 온몸에 전율이 감돌았다. 그렇게 그리운 인도를 다시 갈 명분이 생기다니! 행운은 나를 버리지 않았다.

침대에 걸터앉아 한 달 전 인도를 떠날 때 공항에서 했던 혼잣말을 다시 되뇌었다.

'안녕, 인도? 다시 온다.'

새로운 시작 뿌네
- Pune

학생비자를 받고 친구들을 만나느라 5월은 금방 지나갔다. 전에 인도에서 1년 살았던 사촌 윤기 형은 꼭 사줄 게 있다며 나를 불렀다. 형이 사준 건 소 곱창과 막창. 인도에서 다른 건 다 구해도 이것만은 못 구한다며 많이 먹어두라고 했다.

2016년 6월 12일, 출국 하루 전. 옷가지를 담은 캐리어 두 개와 여행용 배낭 하나가 방구석에 놓여 있다. 지난번보다 짐이 세 배 많았다. 두 달 후면 한국으로 돌아오는 게 예정돼 있던 배낭여행과는 달리 이번엔 유학이다. 비행기를 타면 3년은 있어야 하는 여정.
내일 밤 이 시간이면 내 방이 아닌, 몇천 킬로미터 떨어진 나라의 낯선 곳에 있다는 사실이 실감이 안 났다.

결국 내일의 해는 떴고 엄마랑 같이 밖으로 나왔다. 지난번과는 달리 이번엔 짐이 많아서 엄마가 운전하는 차를 타고 인천공항에 도착했다. 짐 검사를 마치고 출국장에 들어서니 엄청나게 설렌다. 배낭여행과는 완전히 다른 기분의 설렘이다.
델리를 거쳐 뭄바이로 가는 에어인디아 비행기는 30분 지연되었다. 대기 시간 동안 부모님과 한국에 있는 친구들, 할아버지와 통화를 했다. 그날 오후, 하늘이 더 청명하게 보인다.

비행기는 그 하늘을 향해 날았다. 앞으로 일어날 일에 대한 기대를 품고 멀어져가는 한국 땅을 바라보았다. 이제 한동안 못 볼 땅이다.

비행기는 델리 공항에서 한 시간경 스톱오버를 했다. 델리가 그리워 당장이라도 내리고 싶었지만 나의 목적지는 뭄바이, 정확히는 뭄바이에서 150㎞ 떨어져 있는 '뿌네'라는 도시다. 친구들이 있는 델리, 뭄바이와는 달리 뿌네는 아무 연고가 없다. 출국 전 며칠간 인터넷을 뒤지며 얻은 뿌네에 대한 정보는 다음과 같았다.

'교육의 허브'
'날씨가 쾌적한 곳'
'마라티어가 많이 쓰이는 도시'

이 정도였다. 이곳에서 내가 3년간 배울 과목은 힌디어다.

밤이 깊은 시각에 비행기는 뭄바이 국제공항에 착륙했다. 그때 습도와 열기가 기분이 나쁠 정도로 높았던 것이 기억난다. 1년 365일 더운 뭄바이, 게다가 6월은 인도의 악명 높은 여름이다. 비행기 밖에서 공항 안으로 들어가는 그 짧은 순간에 온몸이 땀에 젖을 정도로 뭄바이의 더위는 지독하다.

입국 심사를 마치고 밖으로 나오니 유학원에서 보낸 가이드와 드라이버가 팻말을 들고 서 있었다. 새로운 여정에 다시 가슴이 뛰기 시작했다.

'뿌네……. 그 새로운 도시는 어떨까?'

그때 시간이 너무 늦어서 차에 타자마자 잠이 들었고 눈을 떴을 때는 이미 뿌네에 도착해 있었다. 이른 아침, 게스트하우스 방에 처음 도착했을 때의 풍경과 느낌이 아직도 생생하다. 탁 트인 창으로 쏟아져 들어오는 아침나절의 햇빛과 그 위로 보이는 나무들.

인도의 다른 대도시와는 다른 평화로운 아침이었다.

인도는 그랬었지

세상에서 가장 조용한 대학교

뿌네의 첫인상은 '매우 단조롭고 평화로운 도시'였다.

물론 중심지로 가면 엄청난 수의 오토바이 떼와 교통체증의 조합을 볼 수 있으나 적어도 내가 살던 배터리빙 게스트하우스 주변은 평화로웠다. 말이 좋아 평화롭지 사실 엄청나게 심심했다. 아는 사람 하나 없이, 하룻밤 사이에 혼자 외국 땅에 떨궈진 자의 심정은, 외롭기도 하고 막막하기도 했다.

하지만 심심할 틈도 잠깐이었다. 인도 생활의 첫 번째 산인 콜리지 등록 절차가 기다리고 있기 때문이다.

디지털화된 한국과는 다르게 종이 서류를 너무나도 사랑하는, 느리고 답답하기로 악명이 높은 인도의 등록 절차. 뭐, 사무실에 도착해서 들이밀면 어떻게든 되겠지?

유학원이 알려준 지침을 가지고 뿌네 대학교 본관에 도착했다. 동방의 옥스퍼드라는 별명을 가진 뿌네 대학교는 매우 고풍스러운 분위기다. 술집과 커플들로 가득한 한국의 대학과는 달리 상당히 고즈넉했다.

그럴 수밖에 없는 게 인도의 대학 시스템은 한국과는 다르다. 여기서의 대학, 즉 'University'는 콜리지에서 3년제 학사 과정을 마친 학생들이 석사 과정을 밟는 곳이다. 즉, 오는 사람들이 매우 적고 그나마 있는 학생들도 논문과 실험에 매우 바쁘게 산다.

그럼 내가 갈 곳은? 바로 'University'가 아닌 'College'이다. 내가 입학하려는 퍼거슨 콜리지는 이 뿌네 대학교 산하에 있는 콜리지다 (현재 퍼거슨 콜리지는 뿌네 대학교 산하에서 독립하였다).

일단 본관에 가서 입학 허가증을 보여주고 대학 내 은행에 등록금을 납부한다. 납부가 완료되면 작은 영수증을 주는데 목숨처럼 소중히 보관해야 한다. 내가 돈을 냈다는 걸 증명하는 유일한 증거이기 때문이다.

지금이야 간단히 쓰고 있지만 그때 당시는 이런저런 서류에다, 영어의 압박에다, 인파를 뚫고 시간 안에 등록금을 납부해야 하는, 말 그대로 혼돈의 카오스였다. 어찌어찌 영수증을 받고 나오니 오후가 되어 있었다.

오래된 건물들 사이로 비치는 햇빛, 야자수 잎들만 바람에 휘날리는 참 조용한 캠퍼스다.

'오늘 할 거는 끝났다. 근데 이제 뭘 하나?'

이 조용한 도시에선 할 게 없었다.

인도는 그랬었지

남쪽 해변으로 탈출
- Alibagh

심심해 미칠 것 같은 뿌네 생활에 한 줄기 빛이 보였다. 지난번 여행에서 못 만났던 친구 아슬레샤가 바로 뿌네에 살고 있다는 것. 내가 뿌네에 도착한 걸 알고 자기 고향인 알리바그에 같이 가자고 한다. 알리바그? 이름조차 처음 들어보는 곳인데 그건 어딘가?

뭄바이 밑에 콘칸 해안을 끼고 위치한 도시라는데……. 앞으로 일주일 동안 할 게 없는 나는 바로 오케이를 외쳤다. 이틀 뒤에 버스로 출발할 계획이 잡혔다.

출발 당일날, 배낭을 조촐하게 싸고 버스 스탠드에 도착했다. 새로 산 심카드는 무슨 일인지 작동하지 않아 다른 사람의 휴대폰으로 아슬레샤한테 전화했다. 좀 있으면 도착한다는데 인도의 '좀 있으면'은 최소 한 시간 이상을 의미한다. 벤치에 앉아 사방을 둘러봤다. 과일을 짜서 주스를 만드는 가게, 다른 지역으로 가는 버스들, 사방에 붙어 있는 정당 포스터까지. 다른 도시와 비슷한 풍경이지만 분위기는 정말 이질적이다. 익숙한 힌디어가 아닌 낯선 마라티어가 들리고 사람들 생김새도 북인도와는 좀 다르다. 확실한 이들만의 리그가 존재하고 나는 완벽한 외지인이다.

삼십 분? 한 시간? 아니, 이제 두 시간이 되어간다. 아슬레샤, 오긴 오는 거니?

다행히 오긴 왔다. 타들어 가는 내 속은 아는지 저 멀리서 해맑게 웃으며 손을 흔드는 아슬레샤. 화가 치밀었지만 기다린 시간은 잊고 이 친구가 나를 고향 집에 데리고 간다는 사실에 의미를 두기로 했다.

버스는 스탠드를 떠났고 길은 점점 산으로 올라갔다. 뭄바이와 뿌네 사이의 고산 지역은 아름다운 풍광과 우기가 되면 쏟아지는 폭포로 트래커들의 사랑을 받는 곳이다. 지그재그로 꺾인 길옆의 아슬아슬한 낭떠러지, 그 너머로 펼쳐지는 일몰 지는 계곡의 파노라마는 환상적이었다. 이제 좀 여행 분위기도 나기 시작한다.

서로 이런저런 얘기를 하는 사이 해는 완전히 떨어졌다. 고산 지대가 끝나고 엄청난 숫자의 야자수들이 보이기 시작했다. 동시에 느껴지는 엄청난 습도는 여기가 바다 근처라는 것을 말해주고 있었다. 목적지가 멀지 않은 것이다.

밤 아홉 시쯤, 우리 둘은 알리바그 시내에 내렸고 아슬레샤의 아버지가 마중을 나와 있었다. 짙은 콧수염이 인상적인 아버지는 전형적인 열대 사나이의 복장을 하고 계셨다. 집에 도착해 생선 커리와 이곳 특산품인 망고로 식사를 마치고 근처의 해변에 나왔다. 어두컴컴한 모래사장에 힌디어로 아슬레샤와 내 이름을 새기며 우리가 도착했다는 사실을 알렸다.

열대 마을의 색
- Alibagh

아침 일찍 일어나 집 앞으로 나왔다. 바다를 끼고 사는 열대지방 사람들은 여유가 있다. 그 사람들의 성격을 반영이라도 하듯 집들은 형형색색이고 거리도 깨끗했다.

생선이 빠지지 않는 아침을 먹고 아슬레샤의 가족들과 시내 외곽으로 드라이브를 갔다. 길 양쪽으로 빈틈이 없이 빽빽하게 심긴 야자수와 각종 열대 식물들이 이어졌다. 책에서만 보던 완벽한 열대지역에 들어와 있다.

한 집 건너 다 아는 마을인지 아슬레샤의 아버지는 사람들과 인사하기 바빴고 나와 아슬레샤는 뒷길로 잠시 걸었다.

하늘을 가릴 정도로 나무들이 많지만 그걸 뚫고 느껴지는 햇빛은 이 지역 사람들의 얼굴에도 흔적을 남겨놓았다. 짙게 그을린 구릿빛 피부에 멋들어진 콧수염을 가진 알리바그의 남자들. 진짜 열대의 사나이들이다.

다시 차를 타고 바다로 가는 잠깐 사이에 하늘의 색이 바뀌었다. 아까 봤던 뜨거운 햇빛은 어디 갔는지 순식간에 사방이 어두워지더니 비를 쏟았다. 비가 오면 이곳의 밝은 분위기가 바뀐다. 야자수 잎을 뒤덮은 검은 구름, 철제 지붕이나 나무 위로 빗방울이 떨어지면 세상은 소리에 묻힌다.

밝지 않고 어두운 배경에 더 잘 어울리는 소리.

30분도 안 돼서 언제 그랬냐는 듯 비가 그치고 다시 해가 나왔다. 하늘도 파란빛을 되찾았다. 오늘의 다른 일정은 성공적인가 보다.

멀지 않은 곳에 위치한 포르투갈이 지은 성벽 위에는 이끼가 잔뜩 끼어 있다. 한때 이곳 주변을 주름잡은 곳이지만 지금은 황량하게 버려진 곳. 사방에 정적만이 감돈다.

성벽에서 내려온 우리는 오늘의 마지막 목적지인 바다로 방향을 틀었다. 어젯밤에 갔지만 너무 어두워서 물도 못 보고 돌아왔던 알리바그 해변. 주변은 구경 나온 사람들로 북적였고, 우리는 코코넛 열매를 하나 사서 먹었다. 이런 곳에서는 코코넛이나 물고기, 망고 같은 음식이 잘 어울린다.

해변에 도착하자마자 쫙 펼쳐진 하얀 모래사장이 눈에 들어왔다. 인파를 뚫고 물 앞으로 다가갔다. 강한 햇빛에 반짝이는 아라비아해, 그 너머로 물 중간에 떠 있는 듯한 고성. 16세기에 마라타 동맹이 세웠다는 콜라바 포트는 그 세월이 무색하게 바다 한가운데에 신기루처럼 자리를 지키고 서 있다.

아슬레샤와 이런저런 얘기를 하며 백사장을 걷다 보니 사방이 황금빛으로 변했다. 백사장의 모래와 하늘 사이의 경계가 희미해지는 시간. 태양은 마지막 빛을 바다에 쏟아붓고 저편으로 사라졌다. 하지만 태양이 남기고 간 그 색과 빛은 한동안 바닷가에 남아 있었다.

강렬한 햇빛 밑에 형형색색으로 칠해진 집들, 푸르른 식물들, 그리고 먹구름까지!

알리바그는 이곳의 태양처럼 가장 강렬한 색을 가진 곳이었다.

비 오는 날의 기억
- Alibagh

　그때는 인도의 우기였다. 해가 쨍쨍한 마른하늘에서 갑자기 비가
쏟아지고, 또 언제 그랬냐는 듯 해가 나는 날들의 연속.

　알리바그에 머문 날은 4일로 짧았지만 다른 도시처럼 바쁘게 다
니지 않았다. 사실 첫날에 시내 전체를 돌아봤기 때문에 새롭게 갈
곳이 없었다.

　그저 일상처럼 시간을 보냈다. 우리는 집에서 티브이를 보다 오후
가 되면 지붕으로 올라가곤 했다. 아버지가 20년 전에 심었다는 망
고나무 가지가 반쯤 드리워 있는데 여기서 손을 뻗으면 망고를 직
접 딸 수 있다. 물론 그렇게 딴 망고는 전부 우리 차지다.

　지붕을 배회하며 아슬레샤와 망고를 따고 있는데 갑자기 비가 내
렸다. 이곳의 비는 예고편이 없이 바로 클라이맥스다. 갑자기 쏟아
진 비에 아슬레샤는 황급히 빨래를 걷었고 나는 이 상황이 마냥 신
기했다.

　지붕에서 망고를 따다 갑자기 내리는 비에 젖는다는 건 한국에서
는 상상도 할 수 없는 일 아닌가?

　아슬레샤를 다시 밖으로 끌어내 지붕 끝쪽에 앉았다. 이런 상황
이 웃긴지 꺄르륵 웃는 아슬레샤. 그 찰나의 소리는 비에 묻혀 사
라졌다.

사방으로 차아악 하며 쏟아붓는 빗소리만 들리는 우기가 시작된 인도.

그때만큼은 모든 게 잠깐 멈춘다.

밑에서 코코넛을 따는 아저씨도, 어디론가 가던 아줌마들도, 조금 전까지 망고를 따고 있던 우리도.

비 앞에 장사 없다.

알리바그를 떠나기 하루 전, 우리는 집 뒤편으로 난 뒷길을 걸었다. 출발할 때만 해도 날씨가 참 화창했던 기억이 난다. 어젯밤에 비가 쏟고 지나가 여기저기에 고인 물들이 햇빛을 받아 반짝거렸다.

목적지 없이 계속 걷다 보니 길이 울퉁불퉁해지고 나무들이 많이 보이기 시작한다. 시골에 들어온 것이다.

갑자기 하늘이 어두워졌다. 물 표면에 비치던 햇빛도 사라졌고 또다시 먹구름이 끼었다. 누가 먼저랄 것도 없이 우리는 뛰기 시작했다.

"야, 근데 이렇게 뛰어서 어디 가는 거야? 집은 저쪽이잖아?"

"좀만 더 가면 마을의 유명한 사원이 있어. 거기 좀 앉아 있으면 되지."

사원이 어디 있다는 건가? 사방을 둘러봐도 양철 지붕을 얹은 짜이 가게와 허름한 민가밖에 보이지 않는다.

결국 비가 쏟아졌다. 내 몸과 옷이 젖는 건 괜찮지만 휴대폰이 문제다. 이 상태에 더 걷는 건 어렵고 결국 가장 가까이 있는 양철 지붕 아래 들어가서 앉았다.

'쏴아아~'

비는 무섭게 쏟아부었다. 도로에 다시 물이 고였고 빗방울 떨어지는 소리가 양철 지붕을 타고 들려왔다.

"언제 비가 멈출까?"

"이 정도 비는 30분만 지나면 멈춰. 늘 지나가는 비인데 뭐."

지붕 끝으로 떨어지는 빗방울들을 한참 동안 바라보았다. 처음 경험해보는 이런 시간. 낯설기도 하면서 좋았다. 언제 또 비 오는 날 지붕 밑에 앉아서 이런 소리를 들을 수 있을까?

마음속으로 그 30분이 안 오길 바랐다.

비에 스며드는 마을과 지붕을 타고 땅에 떨어지는 빗방울을 바라보면서 보낸 그 찰나의 시간은 어쩌면 평범했지만 가장 아름다운 풍경으로, 소리로 기억에 남았다.

인도는 그랬었지

퍼거슨 콜리지 이문저문

　며칠간 서류의 파도 속에서 헤엄치며 등록을 마쳤다. 1교시의 시작은 무려 아침 7시 반! 이른 아침에 학교로 가는 길은 나무로 뒤덮여 쌀쌀했다. 첫 강의는 "교실에 안 나오고 시험만 봐서 학위 따는 시대는 지났다."라는 교수님의 경고로 시작되었다. 언제 가져왔는지 모르는, 조금만 움직이면 경쾌한 쇳소리가 나는 고물 의자, 교실을 자유롭게 돌아다니는 개들……. 정말 '인크레더블' 인디아가 맞다.

　내 학교인 퍼거슨 콜리지는 1885년에 세워졌다. 거미줄이 낀 오래된 강의실은 에어컨을 기대하는 건 사치고 수업 중에 전기가 안 나가길 기도해야 할 정도이다.

현대적이지는 않지만 이곳만의 매력이 있다. 여느 대학교 캠퍼스들이 그렇듯 퍼거슨 콜리지도 매점과 캠퍼스 내의 장소들마다 다른 이름을 가지고 있다. 여기서 공부한 학생이라면 학교생활의 반 이상을 강의실이 아닌, 그 장소에서 친구들과 함께 보낸 기억이 있을 것이다.

✦ 끼마야

수업에 들어가기 싫거나 강의를 빼먹은 학생들이 모이는 곳이다. 이곳의 상징인 하얀색 지붕은 근처에 사는 아이들의 미끄럼틀로 쓰이고 학생들은 그 밑에 걸터앉아 시간을 보낸다.

수업이 듣기 싫거나 친구들 손에 이끌려 자의 반, 타의 반으로 도착하게 되는 그곳. 다른 학생들을 구경하며 친구들과 이런저런 얘기를 나누다 보면 시간이 물처럼 흘러간다.

서로 모르는 학생들도 옆에 있다는 이유만으로 말을 걸고 친구가 되는 곳. 가끔 중요한 행사나 공연이 있으면 가장 먼저 점거되는, 고로 학생들의 관심이 매일 끊이지 않는 끼마야는 학생들 모두가 좋아하는 장소이다.

정치학 수업을 같이 들으면서 친해진 아스미따와 사일리, 아프가니스탄에서 온 유학생 마르와, 친구 소개로 알게 되어 가장 오랜 친구가 된 아니카 등등. 참 많은 친구들이랑 이곳을 찾았다. 그중에서 가장 기억에 남는 시간은 8월의 어떤 날이다.

12시에 모든 수업이 끝났지만 집으로 돌아가기엔 아쉬운 날씨. 여느 때보다 하늘이 참 높았던 그날, 나는 사일리를 데리고 끼마야에 가서 앉았다. 한가한 뿌네 시내에서 오후에 죽치기에 이보다 좋은 장소가 없다.

우기가 막 끝난 8월의 하늘은 참 파랬다.

서로 마주 보고 앉아 한 이런저런 얘기들. 별로 중요하고 심각한 얘기는 아닌 학교 얘기, 수업 얘기, 서로의 일상 얘기……

카페처럼 음악도 울리지 않아서 목소리가 참 잘 들린다. 이런 점이 학생들이 정문 앞에 있는 스타벅스를 두고 여기로 찾아오는 이유다.

✦ 떼끄리

우리 캠퍼스 뒤에는 큰 언덕이 하나 있다. 산이라 부르기엔 좀 작고, 그렇다고 언덕이라 부르기엔 아쉬운 크기. 학생들은 그곳을 '떼끄리'라 불렀다.

속칭 '학교 뒷산'이라 할 수 있는 떼끄리에 처음 올라간 때는 학기가 막 시작한 7월 중순의 토요일이었다. 같은 반 학생들과 매점에서 얘기하던 중 '소남'이라는 친구가 먼저 얘기를 꺼냈다.

"오늘 토요일인데, 다들 수업 끝나고 학교 뒷산에나 올라갈래?"

"우리 학교 뒤에 산도 있었어?"

"산은 아니고 작은 언덕인데 떼끄리라고 하지. 위에서 뿌네 시내도 보이고, 전망이 좋아."

끝나고 할 게 없던 나로선 거절할 이유가 없었고 같이 수업을 듣는 친구들 몇 명도 가겠다고 나섰다. 그렇게 떼끄리에 오를 계획이 잡혔고 우리는 수업이 끝나자마자 학교 뒤편에 모였다.

학교 뒤에 있는 넓은 운동장을 건너니 푸른 초지와 나무들이 나왔고, 그 위로 울퉁불퉁 난 길은 여기가 언덕의 시작이라고 말해주고 있었다.

가끔 비가 오던 때라 올라가는 길은 미끄러웠다. 대신 풀들은 어느 때보다 초록빛을 띠었다. 그날 처음 본 친구들도 있어 서로 통성명을 하며 걷다 보니 어느새 꽤나 높은 곳까지 올라왔다.

소남이 말한 대로 발 밑으로 뿌네 시내의 전경이 파노라마처럼 펼쳐졌다. 우리는 풍경을 감상하고 바위에 자리를 잡고 앉았다. 선선한 바람이 불어오는 이곳, 다시 일어나서 내려가고 싶지 않을 정도로 분위기가 좋았다.

한참 얘기를 나눈 우리는 단체 사진을 찍고 내려갔다. 그 뒤로 떼끄리는 중간중간 수업이 없거나 시간을 때우기 애매할 때 가끔 찾는 장소가 되었다.

어느 날은 사회학 수업에서 알게 된 아니카와 같이 떼끄리에 올라갔다. 햇빛이 강했던 날, 정상까지 올라가진 못하고 중턱에 있는 넓적한 바위에 앉았다. 여기는 바람이 참 시원하게 불어서 좋다.

밑에 나무들 사이로 보이는 우리 콜리지 건물, 그 너머로 보이는 빌딩들. 근데 바람이 너무 심하게 불어 옆에 앉은 아니카의 머리카락이 계속 얼굴을 때렸고 아니카는 그걸 보고 킥킥대며 웃었다. 참 귀여운 친구다.

"너는 참 조용한 애 같아. 고향이 어디야?"

"사실 난 벵골 사람이야. 뿌네에서 자라긴 했는데 마라티 문화는 너무 달라서 친구가 많이 없어."

아니카의 고향인 웨스트 뱅골은 여기서 2,000㎞ 이상 떨어져 있다. 인도 동쪽에 위치한 웨스트 뱅골과 이곳 마하라슈트라 지역은 언어부터 시작해 사람들의 성격까지 다른 나라처럼 이질적이다.

마라티 사람들 간에 느껴지는 이질감 때문에 친구가 많이 없다는 아니카. 그날 이후로 우리는 강의 시간마다 같이 앉았고, 쉬는 시간이면 같이 매점이나 끼마야에 가곤 했다. 처음 봤을 때 말이 적은 것 같았던 아니카는 어느새 콜리지에서 제일 친한 친구가 되어 있었다. 역시 사람 일이란!

✦ 캔틴

대학 생활에 매점을 빼놓을 수 없다. 수업을 땡땡이치고 친구들과 매점에서 먹는 컵라면……이 아닌 도사나 짜이의 맛은 5성급 호텔 따위와 비교할 수 없다.

우리 학교에는 총 세 개의 매점이 있는데 그중 게이트 제일 끝에 위치한 매점이 가장 인기가 좋았다. 넓고 쾌적한 자리에 파는 음식의 종류도 많아서 쉬는 시간의 대부분을 거기서 보냈다.

재밌는 사실은 우리 중 누구도 그 매점의 정확한 이름을 모른다는 것이다. 그러다 보니 친구들마다 그 매점을 부르는 이름이 다르다. 내가 거기서 매번 망고라씨를 사 먹었기 때문에 아니카는 '망고라씨 캔틴'이라 불렀고, 나는 거기를 '마드라시(남인도) 캔틴'이라고 불렀다. 주로 남인도 음식을 팔았기 때문이다.

고기가 없는 게 아쉬웠지만 거기서 파는 바삭바삭한 도사와 시원한 망고 라씨는 일품이었다. 식당을 찾기 귀찮은 날엔 12시 수업이 끝나고 친구들과 거기서 점심을 먹곤 했다. 바라나시에서 도사

를 먹고 3일간 물갈이에 시달렸던 나의 편견을 깨준 장소. 도사 말
고도 넓적한 빵 파라타, 이곳 간식인 와다빠오는 말 그대로 질리도
록 먹었다.

  정말 운이 없으면 수업을 땡땡이치고 온 매점에서 그 수업의 교수
님을 만나는 경우도 있다. 내가 바로 그랬다.

아르바이트가 없는 나라

외국 생활은 즐겁지만 충분한 돈이 있는 경우에 한해서다. 당시 집에서 받는 돈으로 월세를 내면 남는 게 별로 없었다. 게다가 내구식 스쿠터는 기름을 어찌나 많이 먹는지 3일에 한 번씩 주유소를 들락거렸다. 월말이 되면 내일 뭘 먹을지에 대한 진지한 고민에 빠졌다.

이런 상황엔 아르바이트에 눈이 가는 게 당연지사. 게다가 수업도 한 시 이전에 끝나니 시간도 많았다. 반 친구들한테 혹시 아르바이트 자리가 있냐고 물어보니 예상 밖의 답을 들었다.

"우리 인도는 한국이나 서양 같은 파트타임(Part time)이 없어. 대학생들이 일하는 걸 안 좋게 생각하거든."

"그럼 100% 부모님한테만 지원받는 거야?"

"그렇지. 인구가 많은데 일자리는 부족해서 부모님의 도움 없이는 살아갈 수 없어."

한국의 대학생들은 학기 중에도, 방학 기간에도 아르바이트하기 바쁘다. 인도도 그런 줄 알았다. 그런데 생각해보니 지금까지 수업이 끝나고 "나 아르바이트하러 가야 해."라고 말하는 친구들을 본 적이 없다.

"그러면 카페나 맥도날드 같은 곳에서 일하는 사람들도 아르바이트가 아니야?"

"아니지. 일자리가 적어서 그런 곳도 경쟁률이 치열하고 한 번 붙으면 쉽게 그만두지 않아. 영어도 잘해야 되고 요구하는 것도 많지. 근데 월급이 얼마인지 알아? 한 달에 단돈 1만 루피(17만 원)야. 집세 내면 남는 것도 없어."

인도의 물가가 왜 이렇게 싼지 알게 되는 순간이었다. 처음 여기에 왔을 때 토마토 1kg의 가격이 1,000원도 안 되어서 놀랐고 많은 식당에서는 2,000원 정도에 식사를 할 수 있다. 다 이유가 있었구나. 물가가 오르면 당장 먹을 게 없어지는 사람들이 너무 많다.

젊은 인구가 많은 건 인도의 강점이다. 그러나 인구가 너무 많아서 살기 어렵다고 말하는 친구들도 많다.

그나저나 중간고사도 다가오고, 다음 달에 집세가 오른다는데⋯⋯. 걱정으로 잠을 못 이루는 밤이다.

인도는 그랬었지

기 센 도시 괄리오르
- Gwalior

인도는 축제가 참 많다. 8월의 중요한 축제인 '락샤반단'을 기념해 학교는 짧은 휴가를 주었다. 어렵사리 예약한 기차로 잔시에 도착했고 아미트 가족들과 재회했다. 집에 있는 아기와 놀며 시간을 보냈지만 이내 지루해졌고 앙꾸쉬는 그런 나에게 새로운 장소를 추천했다.

"여기서 기차로 세 시간밖에 안 걸리는데 괄리오르나 갔다 와 봐. 성도 멋있고 볼 게 많은 도시야."

잔시에서 괄리오르로 가는 기차표는 달랑 50루피. 우리 돈으로 1,000원도 하지 않는 저렴한 요금답게 칸은 이미 만석이다. 간신히 좁은 자리에 몸을 끼워 넣어 앉았다. 맞은편에 앉은 배를 내놓은 아주머니는 나를 뚫어져라 쳐다보다 고개를 돌렸다. 예전 같았으면 대화를 붙여봤을 나지만, 이내 창밖으로 시선을 돌렸다.

잿빛 세상에 흙빛 마을이 스쳐 간다. 가난에 찌든 곳이지만, 가끔 보이는 허허벌판의 성채 유적이 과거 이곳이 부유한 곳이었음을 말해준다.

세 시간 뒤에 기차는 괄리오르역에 도착했다. 지나온 풍경과 달리 활기찬 열기가 느껴진다. 배가 고파져 주위를 둘러봤으나 변변한 식당이 보이지 않는다. 결국 허름한 노점상에서 고래고래 소리 지르며 주문하는 사람들 사이에 끼어 커리와 로띠를 주문했다. 밖에 서서 음식을 먹고 있을 때였다. 카운터에 갑자기 소란이 일었다.

"이거 35루핀데 왜 40루피를 받는 거야?"

"글씨 읽을 줄 몰라? 40루피라고 쓰여 있잖아."

"그래, 모른다. 전에는 35루피 주고 먹었는데 이거 순 바가지네!"

"그래서 지금 알려 주는 거 아냐. 빨리 40루피 꺼내."

더 놀라운 건 그다음에 일어났다. 주인이 잠시 한눈을 판 사이 사내는 35루피를 던지고 줄행랑을 쳤다. 카운터 직원은 아무 일도 아니라는 듯 돈을 줍고 가게 주인과 이야기를 계속했다.

"저 XX가 또 5루피 안 주고 갔네."

괄리오르의 첫인상은 말 그대로 충격과 공포였다. 전에 잔시에서도 느꼈지만 이곳 사람들이 쓰는 분델리어는 꼭 싸우는 것처럼 들린다. 날카로운 분위기에 음식을 먹는 둥 마는 둥 해치우고 나왔다. '저 사람들만 그럴 거야'라는 희망을 가지고 릭샤에 올라탔다.

이윽고 도착한 괄리오르성 입구는 사람들로 북적였다. 표를 사야한다고 들었으나 매표소는 보이지 않는다. 결국 표 사는 걸 포기하고 입구를 통과해 성 위로 올라가기 시작했다. 그와 동시에 쏟아지는 엄청난 양의 시선들. 모든 사람들이 보러 온 성은 안 보고 나를 보고 있다. 바라나시의 호객꾼들은 순전히 돈 때문에 외국인들을 쳐다보지만 이곳 사람들은 달랐다. 칼을 품은 것 같은 날카로운 눈빛이다.

성의 규모와 사람들만 봐도 이 도시가 어떤 역사를 흘러왔는지 짐작이 갔다. 인도 중심부에 위치한 괄리오르는 제국들이 반드시 가져야 하는 곳이었다. 항상 싸우거나 전쟁에 대비해야 했던 이곳 사람들의 성격이 거칠게 변한 건 당연지사. 욕을 정말 맛깔나게 섞어서 대화한다.

인도는 그랬었지

날카로운 시선을 뚫고 위로 올라오니 성채가 한눈에 보인다. 은은한 황토색에 파란 타일이 어우러진 긴 성채는 정말 고풍스러웠다. 한창 풍경을 느끼며 사진을 찍고 있을 때 불량한 청년 세 명이 내쪽으로 다가왔다. 눈을 돌렸을 땐 청년들이 이미 내 앞에 도착한 뒤였다.

"카메라 좋아 보이네. 어디서 왔어?"

무리의 대장 격인 청년이 말을 걸었다. 그의 초록빛 눈이 이글거리듯 타올랐다.

"한국에서 여기 놀러 왔지. 괄리오르 사람이야?"

"아니, 우리는 옆 시골에 살아. 휴일이라 놀러 왔지."

"힌디어를 잘하네?"

주위 사람들은 재밌는 구경이라도 난 듯 우리를 에워쌌다. 오히려 이들이 말을 걸어준 게 다행이라는 생각이 들었다. 청년들은 내 카메라에 대해 이런저런 얘기를 하더니 우리는 누구고 어느 대학교에 다닌다는 소개를 늘어놓기 시작했다. 말을 건 청년은 비샬. 나머지 두 명의 이름은 각각 카필과 스와필이다. 소개가 끝나고 그들은 본목적을 드러냈다.

"그 카메라로 사진 좀 찍어줘. 우리가 성 구경시켜 줄게."

외진 곳이면 모를까, 이렇게 사람이 많은데 무슨 일이 있겠나? 게다가 이런 분위기의 지역을 혼자 다니는 것보단 현지인과 함께 다니는 게 괜찮아 보인다. 그렇게 즉석에서 그룹이 결성되고 우리는 열심히 서로의 사진을 찍었다. 시골 청년들이지만 사진을 찍는 실력이 예사롭지 않았다.

사진을 다 찍고 우리는 성의 반대편을 향해 걸었다. 아까와는 달리 청년들이 있어 날카로운 시선이 느껴지지 않았다. 그제야 성의 아름다움이 눈에 들어오기 시작했다. 중간에 사원 하나가 나왔는데 돌을 깎아놓은 기술과 디자인에 감탄했다.

성은 한참을 걸어도 끝나지 않을 정도로 컸고 사람들은 갈수록 늘어났다. 분위기와 달리 이곳 여자들의 옷차림은 의아할 정도로 아찔했다. 몸매가 그대로 드러나는 옷에 눈이 몇 번을 돌아간다. 한참을 걷고 벤치에 앉아 쉬려고 할 때 또 일이 터졌다. 비살이 앉으려고 할 때 옆에 앉은 여자의 옷깃이 살짝 스친 것이다. 곧바로 시비가 붙었다.

"어이, 눈을 좀 똑바로 뜨고 다니지 그래?"

"네가 이 의자 전세 냈어? 좀 옆으로 갔으면 안 스쳤을 거 아냐?"

"어디 시골 깡촌에서 굴러와서 생색은. 여자도 못 보고 살았냐?"

"거울이나 한번 보고 얘기하지 그래?"

괄리오르 사람들, 남자나 여자나 기가 정말 세다는 것을 느꼈다. 남자들은 말투나 억양에서 드러났고 여자들은 눈빛에서 드러난다. 눈을 크게 뜨고 놀라자 청년들은 별일 아니라는 듯 다시 대화를 이어갔다. 정말 예사롭지 않다.

이 도시에 더 머물고 싶지 않았다. 역으로 돌아가는 길을 물어보니 청년들은 미니버스에 나와 같이 올라탔다. 다른 승객들의 온갖 욕이란 욕이 섞인 대화를 들어가며 괄리오르역에 도착했다. 요금을 내려고 손을 뻗는데 청년들이 막았다. 그들은 내 몫까지 지불하고 버스에서 내렸다.

청년들은 나를 데리고 근처 식당에 들어갔다. 유리에 녹이 그대로 묻은 허름한 곳이었다. 간단한 식사를 주문하고 우리는 이런저

인도는 그랬었지

런 얘기를 했다. 문득 이들이 정확히 뭘 하는지 궁금해졌다.

"정확히 하는 일이 뭐야?"

카필이 먼저 대답했다.

"근처 대학교에서 공부하고 있어. 근데 공부는 진짜 내 스타일이 아닌 것 같아. 요즘은 그냥 매일 놀러 다니지."

비샬은 휴대폰으로 사진을 보여주었다. 총이었다.

"나는 시골에서 소나 키워. 그게 다야."

히죽거리며 웃는 그의 미소가 섬뜩했다. 아……. 빨리 먹고 여기를 벗어나야지.

음식이 코로 들어가는지 입으로 들어가는지 모르게 먹었다. 계산을 하려 돈을 꺼내자 청년들은 또 막아섰다. 그들의 단호한 손짓에 멈출 수밖에 없었다. 밖으로 나와 역으로 돌아가는 나를 보며 그들은 조용히 손을 흔들었다.

시골에서 총을 가지고 소를 키우는 청년, 공부는 뒷전이고 놀러 다니기 바쁜 청년, 뭐 하는지 모르겠는 청년……. 오늘만 사는 이들의 대접은 고마웠으나 오래 있고 싶지는 않았다. 이 도시에 하루라도 더 머물렀다간 기가 다 빨릴 지경이다.

인도는 그랬었지

혼돈의 콜카타
- Kolkata

　폭풍 같은 중간고사가 끝나고 시작된 방학. 기차에서 내리자마자 찝찝함이 온몸을 감싸고 사방에서 풍기는 생선 냄새에 머리가 아파왔다.

　밖으로 나가면 좀 나아지려나?

　파도 같은 인파를 뚫고 출구 쪽으로 달렸다. 수도도 아니고 뭄바이 같은 경제도시도 아닌 이곳에 사람들은 왜 이리 많은지. 역 밖으로 나오자마자 보이는 노란 택시들의 행렬. 전부 똑같은 색과 똑같은 디자인의 택시가 도로를 가득 메우고 있다.

　숙소로 가는 길, 택시 창문 밖으로 보이는 풍경은 비현실적이다. 형형색색의 버스와 릭샤, 노란 택시가 한데 섞여 정신이 없는 도로, 한 백 년 전에 지어졌는지 무너질 듯 말 듯 부식된 건물들, 그 밑에 이어지는 빈민들의 천막, 길에서 샤워하는 사람들, 그 앞에 나타나는 고급스러운 카페. 아무리 인도가 다양성의 나라지만 한 도시 내에 이렇게 다른 분위기가 공존하는 곳은 처음이다.

　이곳은 과거 영국령 인도 제국의 수도라서 서양 문화와 자본의 혜택을 고스란히 받았다. 물론 일반 서민들에겐 먼 나라 이야기고, 대부분의 혜택은 건축물로 돌아갔다.

　그 영화는 1911년까지였다. 수도를 델리로 천도한 이후 1943년에 대기근의 직격탄을 맞았고, 1947년 분리 당시엔 옆의 동쪽 지역이 파키스탄 영토로 편입되는 바람에 밀려오는 엄청난 수의 힌두 난민들을 감당해야 했다. 새 도시에 기반이 있을 리가 없던 그들 대부분은 길거리에 나앉았고 그에 따른 위생의 붕괴와 각종 전염병의 창궐은 말할 필요도 없다.

비극은 끝이 아니었다. 1971년에 벌어진 동파키스탄 독립전쟁. 전쟁통을 피해 또다시 난민들이 여기로 몰려왔다. 수용 능력이 없는 도시에 인구가 폭증하면 어떻게 되는지. 수많은 사람들이 길에서 태어나고 죽는, 말 그대로 '길바닥 인생'을 살다 갔다.

그래서인지 이곳처럼 강렬한 첫인상을 남기는 도시도 드물다. 한쪽에는 고급 호텔의 번쩍이는 조명, 미니스커트를 입고 담배를 피우는 여자들. 다른 쪽에는 기괴한 몸을 이끌고 구걸하는 걸인들, 천막 밑에서 자는 아이들.

중간이 없다. 엄청나게 부유하거나 극단적으로 가난하거나!

여기는 웨스트 뱅골의 주도 콜카타이다.

엄춰버린 시간

이곳은 다른 의미로 첫인상이 강하다. 델리와 뭄바이가 각각 현대적이고 발전된 면모가 있다면 콜카타의 시계는 100년 전에 멈춘 것 같다.

한번은 쇼핑몰을 찾다가 골목에서 길을 잃은 적이 있다. 허름한 수레에 새우와 물고기를 놓고 파는 좌판이 보였다. 잠깐 호기심을 보이자 상인들은 양동이에서 큼지막한 새우를 꺼내 보여줬다. 팔뚝 반만 한 크기였다.

"새우를 살 돈은 없는데요?"

"안 사도 괜찮아. 사진 찍어 가."

인도는 그랬었지

카메라를 들이대자 그들은 환하게 웃어줬다. 가식이라 할 수 없는 진정한 반가움의 표현이었다. 인도에 이런 상인들이 남아 있다니 놀랍다.

중심지를 벗어날수록 색이 진해진다. 콜카타 사람들은 오래된 것들을 단장하는 데 도가 텄나 보다. 빨간색, 노란색 등으로 칠한 집들 사이를 걸으며 시간을 거슬러 올라가는 착각에 빠졌다. 한국의 빌라촌과는 달리 똑같이 생긴 집들이 하나도 없다. 저마다의 개성으로 꾸미고 칠한 집들은 고풍스러운 분위기를 자아냈다.

한 노인이 창틀에 앉아 조용히 책을 읽고 있다. 노인의 여유가 넘치는 표정을 보며 내 걸음도 더더욱 느려졌다. 원래 가야 했던 쇼핑몰은 어떻게든 찾게 될 것이다.

잠시 쉬러 길거리 짜이집에 앉았다. 콜카타의 골목은 이상하게 조용하다. 진흙 컵에 담긴 짜이를 홀짝이며 거리를 훑었다.

어디선가 딸랑거리는 소리가 들려온다. 백발의 노인이 인력거를 메고 종을 울리며 활보하고 있다. 다른 지역에선 이미 수십 년 전에 사라진 인력거가 콜카타에는 여전히 남아 길 위를 달리고 있다.

짜이를 한 모금 더 마셨다. 인력거 뒤로 노란 택시가 털털대며 따라붙는다. 영국의 자동차를 모방해서 만든 '인디안 앰배서더'. 이미 생산이 끝나 다른 도시에선 자취를 감춘 모델이다. 그런데 이 콜카타의 거리에선 영화에서 튀어나온 듯한 노란 택시의 행렬을 볼 수 있다.

오래된 집들, 인력거, 영국식 택시까지……

순간 휴대폰 화면에 비친 '2016'이라는 숫자에 괴리감이 느껴졌다.

물론 제대로 된 길을 찾아 번화가로 나오는 순간 20세기는 연기처럼 사라진다. 딸랑이는 종소리 대신 경적이 울리고 노란 택시의 자리는 최신형 흰 세단이 차지한다. 그제야 2016이라는 숫자가 어색하지 않다.

비가 내리는 저녁이었다. 구경을 마치고 숙소로 돌아가기 위해 노란 택시를 잡았다. 삐걱거리는 레버를 돌려 창문을 올렸다. 흐느끼는 듯한 빗줄기가 창문을 스쳐 내려갔다. 하늘은 어느새 어둑해졌고 택시는 번쩍이는 중심가를 벗어나 골목길에 들어섰다. 창밖으로 휙휙 스쳐 가는 오래된 건물들, 천막에서 꼬물대는 사람들. 거대한 유령 도시를 지나는 것 같았다.

기사가 라디오를 틀자 앙칼진 인도 여가수의 목소리가 흘러나온다. 콜카타의 어두운 골목길을 달리는 택시 안에서 나는 콜카타의 과거와 현재를 오갔다. 지금 펼쳐지는 상황이, 내 눈에 보이는 광경이 2016년이라고 믿기 어려웠다.

몇 분 후 택시는 숙소에 도착했다. 화려하게 불을 켠 술집에는 인파가 바글거린다. 그 화려함 앞에 택시에서 본 장면들은 신기루처럼 사라졌다.

아까 내가 본 것은 뭐였나?

인도는 그랬었지

콜카타 사람들

　기억에 남는 도시의 배경에는 특이한 유적지나 분위기도 한몫하지만 그 중심엔 사람이 있다.

　콜카타 셋째 날, 페이스북에서 만난 친구들인 가에뜨리와 프리야는 나를 빅토리아 홀에 데려갔다. 식민지 시대에 영국 빅토리아 여왕을 기리기 위해 건축된 기념관. 한국 같으면 벌써 헐어버렸겠지만 인도는 여기서 발생하는 관광 수입을 포기할 수 없다. 인도의 건축 양식과는 거리가 먼 유럽 스타일 건축물이 콜카타의 랜드마크로 자리 잡고 있는 신기한 상황이다.

역사적 사실이 어떻든 기념관은 잘 관리되고 있다. 푸른 잔디가 쫙 깔린 정원에 앉아 있으니 소풍 온 느낌이 났다. 연못에 고인 찰랑거리는 물을 바라보고 있는데 가에뜨리가 말을 걸었다.

"준학, 너 내일 프리야랑 같이 우리 집에 와. 벵갈리 생선 커리 해 놓을게."

"너 어디 사는데?"

"콜카타 북쪽 지역인데 여기서 좀 멀어. 근데 프리야가 알고 있으니까 문제없을 거야."

콜카타의 생선 커리가 유명하다는 말은 익히 들었다. 게다가 현지인 집에서 만든 거라니 상상만 해도 군침이 돌았다.

다음 날 다시 만난 우리는 지하철이 아닌 로컬 트레인을 탔다. 북쪽으로 올라갈수록 고층 빌딩은 적어지고 야자수와 연못이 그 자리를 메운다. 개발된 신도시 느낌이 아닌 로컬 느낌이 물씬 풍기는 북쪽 콜카타. 우리는 노스 덤덤역에서 내렸다.

프리야를 따라 골목을 걸었다. 내 호텔이 있는 중심지와는 달리 조용한 이곳. 형형색색으로 칠해진 집들을 몇 채 지나니 저 앞에 가에뜨리가 서서 손을 흔들고 있다. 도착한 것이다.

집으로 들어가니 식탁에 정성스럽게 놓인 그릇들이 보였다. 접시에 밥을 덜고 손으로 생선을 발라 버무려 먹는 그 맛이란!

맛에 감탄하며 허겁지겁 먹는 나를 본 가에뜨리는 눈웃음을 지었다. 가식이 없는, 자기가 만든 음식을 맛있게 먹어서 행복할 때 나오는 진심 어린 표정이다.

후에 그 맛을 찾아 콜카타의 수많은 식당을 가 봤지만 찾을 수 없었다. 집에서 대대로 전해 내려오는 고유의 레시피를 따라 만들어낸 맛을 흉내 낼 수 있는 식당은 아마 없을 것이다.

✳ 마노즈 씨의 빌라

'아뿔싸!'

망했다는 생각이 들었다. 이젠 어디로 가야 하나?

문제의 발단은 방글라데시 비자를 받으러 영사관에 여권을 제출한 것이었다. 외국에서 지갑을 통째로 잃어버려도 여권이 있으면 여행을 계속할 수 있다. 근데 여권이 없으면? 말 그대로 갈 곳이 없다.

이번 여정은 시작부터 꼬인 것 같았다. 뭄바이에서 출발할 콜카타 행 열차는 무려 18시간이나 연착되었다. 덥고 습한 뭄바이역 내에서 기차를 기다리던 그 지옥 같은 시간이 선명하다.

당연히 기차는 예정된 날보다 하루 늦게 콜카타에 도착했고 예약한 호텔은 취소가 되었다. 설상가상으로 날짜 계산을 잘못해 여권은 방글라데시 대사관에 제출한 상태.

"그럼 언제 다시 받을 수 있나요?"

뚱뚱한 방글라데시 영사는 무심한 듯 대답했다.

"비자 나오는 데 4일 걸릴 거야."

나흘 동안 여권 없이 살아야 한다고? 근데 어디서? 콜카타역 지금 따뜻한가?

시간이 없었다. 오늘 밤까지 머물 곳을 구하지 못하면 길거리에 나앉을 판이다. 지푸라기라도 잡는 심정으로 페이스북 한국-인도인 커뮤니티에 글을 올렸다.

"지금 콜카타에 도착한 한국인 유학생인데 상황이 이러이러해서~ 이렇게 되었습니다."

글을 올리고 카페에 죽치고 앉아 답장을 기다렸다. 어디 구경을 하러 갈 상황은 분명 아니다.

정말 다행히도 한 시간이 채 되지 않아 몇 명이 메시지를 보냈다. '내가 알아봐 줄게'라는 지극히 형식적인 내용이 대부분인데도 뭔가 안심이 되었다. 하지만 그 답은 썩 만족스럽진 않았다.

"미안. 내가 아는 호텔에 전화해 봤는데 여권이 없으면 어렵대."

예상하는 바였다. 그들에게 짧게 'Thank you'를 보내고 다시 기다리기 시작했다. 시간이 갈수록 초조해지는 마음……. 그때 갑자기 휴대폰이 울렸다.

"내가 고향이 콜카타인데 친구 번호를 주겠소. 말은 해 놨으니 그 친구한테 연락해 보세요."

마노짓 바따차르야. 페이스북 친구지만 한 번도 만나본 적 없는 이의 메시지였다. 하지만 지금은 이것저것 따질 상황이 아니다. 바로 번호를 연결했고 몇 번의 신호음 끝에 누군가 전화를 받았다.

"여보세요?"

"안녕하세요. 마노짓이 저에 대해 말해줬을 거예요. 당신이 그분

인도는 그랬었지

의 친구죠?"

"네. 마노즈입니다. 지금 어디에 계세요? 6시까지 솔트 레이크로 오세요. 거기서 만납시다."

갈 곳이 생기니 조금 안심이 되었다. 아직 콜카타 지리를 잘 몰라서 5시에 솔트 레이크로 가는 버스를 탔다. 아무리 막혀도 한 시간 안에는 도착하겠지?

그런데 아무리 가도 솔트 레이크는 나올 기미를 안 보인다. 혹시나 해서 구글 맵을 켜 보니 또 아뿔싸! 이 버스는 솔트 레이크와는 완전히 반대 방향으로 가고 있었다.

허겁지겁 버스에서 내리니 이미 6시가 되어 있다. 여기서 다시 솔트 레이크로 가는 데 걸리는 시간은?

아무리 빨라도 한 시간, 길이 막히면 장담 불가……

막막했지만 어쩔 수가 있나? 물어물어 솔트 레이크 방향으로 가는 버스를 탔다. 마노즈는 그 와중에도 계속 전화를 해 내가 어디 있는지 물었다.

결국 약속 시각을 훌쩍 넘긴 8시에 솔트 레이크에 도착했다. 버스에서 내린 나를 보더니 한 남자가 다가와 물었다.

"앞 준학 해 나(당신이 준학 씨 맞죠)?"

마노즈는 6시에 퇴근을 하고 여기 서서 언제 올지 모르는 나를 두 시간이나 기다리고 있었다. 내 상황을 들은 마노즈는 나를 자기의 빌딩으로 데려갔다. 벽은 검게 그을리고, 밤이면 모기가 득실대는 허름한 빌라였지만, 그는 모기장과 안 쓰는 침대까지 내주었다. 그렇게 마노즈의 허름한 빌라에서 나는 4일을 머물렀고 예정된 날짜에 여권을 교부받아 방글라데시에 무사히 다녀올 수 있었다.

후에 인도를 여행하며 나쁜 사람을 만날 때, 인도 전체가 싫어질 때 마노즈를 떠올리곤 했다.

자기 시간을 내서 곤경에 처한 외국인을 조건 없이 돕는 사람.

한국에 돌아가서도 가끔 마노즈와 소식을 주고받았다. 지금은 결혼을 해서 아이의 아빠가 된 마노즈. 그대의 가정에 행복이 함께하길!

인도는 그랬었지

Real city of joy

콜카타 이야기가 이렇게 길어질 줄 몰랐다. 그 정도로 콜카타는 흥미진진한 도시다.

몇 번의 방문 후 생선 비린내도, 길거리를 파묻는 인파도 익숙해질 즈음 나는 콜카타 이곳저곳을 탐험하는 재미에 빠졌다. 골목 하나를 들어가면 분위기가 바뀌고, 어디선가 들려오는 느린 뱅골어 음악과 함께 짜이를 마실 수 있는 도시는 콜카타가 유일하다.

관광지는 다 본 것 같고 좀 새로운 데가 없을까? 검색하던 중 '콜리지 스트리트'라는 지명이 눈에 들어왔다. 인도에서 가장 큰 헌책방 거리와 식민지 시절에 설립된 커피 하우스로 유명한 곳이란다.

인도의 헌책방은 어떨까 궁금해 다음 날 아침 길을 나섰다. 비가 온 다음 날이라 하늘이 새파랗게 개었다. 택시를 타고 콜리지 스트리트로 가는 길, 콜카타의 상징인 버려진 저택들이 창밖으로 스쳐 간다. 한국이었으면 재개발 명목으로 진즉에 헐렸을 건물들이지만 오히려 위화감이 없다. 이 건물들이 철거되는 순간 콜카타는 그 멋을 잃어버릴 것이다.

잠시 후 도착한 콜리지 스트리트는 학생들의 인파로 북적였다. 길 양옆으로 난 작은 가게들 앞에는 너덜너덜한 책들이 박스 분량으로 쌓여 있다. 얼마나 오래됐는지 종이는 누렇게 바랬고 노끈으로 묶어 놓아 덜렁거린다. 나를 본 상인들은 눈빛을 반짝이더니

"끼 보이 라그베(어떤 책이 필요해요)?"를 외치기 시작했다. 그들의 눈빛과 외침에서 치열한 삶의 열기가 보였다. 하나라도 더 팔기 위해 필사적이다.

이곳에 온 이유는 책을 사기보다는 거리 자체의 분위기를 느끼고 싶어서다. 이 거리의 역사는 식민지 시절 설립된 대학들에서 시작된다. 자연히 지식인들의 터전이 되었고 1940년 설립된 커피 하우스는 그들의 열띤 토론 공간이 되었다.

거리의 인파를 보니 그 열기는 아직도 식지 않은 것 같다. 몇 군데를 기웃거리다 가장 조용한 가게에서 벵골어책 한 권을 샀다. 나중에 구글 검색을 해 보니 1952년에 발표된, 무려 60년이 넘는 이야기책이었다.

'City of joy'의 즐거움은 여기서 끝나지 않는다. 내가 머물던 호스텔은 로비에 큰 탁자가 하나 있었는데 밤마다 세계 곳곳의 여행자들을 끌어당겼다. 물론 인도의 다른 지역에서 온 여행자들도 빠지

인도는 그랬었지

지 않는다. 거리에 위스키 광고가 대문짝만하게 붙어 있는, 음주에 가장 관대한 도시 콜카타답게 호스텔의 밤은 술 파티로 물든다.

　그날 밤도 다를 건 없었다. 구경을 마치고 돌아와 침대에 눕는 대신 로비로 직행했다. 네팔 여행자와 서양 여행자 몇 명이 벌써 맥주를 들이켜고 있다. 한국인이 술자리를 보고 그냥 지나칠 수 있나? 즉각 킹피셔(인도 맥주) 두 병을 사 와 자연스럽게 착석했다. 하늘이 어두워질수록 술자리는 달아오르고 숙소의 다른 투숙객들도 하나둘씩 합류했다. 내 옆자리에 젊은 프랑스 여자 두 명이 앉자 속으로 만세를 불렀다. 그들에게 어느 도시에서 왔냐고 물으니 순다르반스 국립공원을 갔다가 오늘 콜카타에 도착했다고 한다. 순다르반스는 어땠냐고 물어보니 콜카타와는 전혀 다른, 소리 하나 듣기도 힘든 자연이란다.

　"그래도 이런 번잡한 분위기가 더 좋죠. 자, 치얼스!"

　인도에서 한 번도 안 쓴 영어로 말이 술술 나왔다. 탁자는 어느새 꽉 차 있었고 다양한 생김새의 사람들은 같이 술잔을 치켜들었다. 콜카타는 'City of joy'라는 별명이 딱 맞게 즐거움이 가득 찬 도시였다.

찻티스가리야 쌉레 바리야
- Chhattisgarhiya sable badhiya

　11월의 라이푸르는 축제 분위기로 들썩였다. 2000년 11월 1일, 옆 동네 마드야 프라데쉬주에서 벗어나 독립된 주가 된 찻티스가르의 창립일을 기념하는 축제다. 지난 여정에서 만난 유제품 대학 친구들과 우르르 몰려가 놀이기구도 타고 축제 음식도 먹으며 보낸 라이푸르의 밤은 델리 못지않게 화려하고 재밌었다.

　굳이 11월 초에 라이푸르를 다시 찾은 이유가 있다. 이 재밌는 친구들과 함께 내 생일을 맞고 싶어서다. 11월 4일 밤 11시 55분이 되자 기숙사의 학생들이 분주해졌다. 1층 복도에 케이크와 거대한 스피커가 설치되었다. 그리고 하나둘씩 모습을 드러내는 기숙사 친구들. 9개월 만에 보는 반가운 얼굴들이다.

인도는 그랬었지

12시 정각이 되자마자 친구들이 나를 들어 올렸다. 당황할 새도 없이 19번의 헹가래가 끝났고 바닥에 떨궈진 내 얼굴엔 케이크가 잔뜩 묻었다. 이내 이어지는 축하 노래까지. 정말 고맙다, 찻티스가르 친구들아!

다음 날, 친구들 중 한 명인 아디띠야와 함께 시골 마을에 갈 일정이 잡혔다. 지난 2월, 처음 만났을 때 기약 없는 약속만 하고 헤어졌지만 이 친구는 진심이었다. 생일파티가 끝나고 나를 방에 불러 계획을 이야기했다.

"너 다시 오면 내가 시골 마을에 데려간다고 약속했던 거 기억나?"

"당연히 기억나지. 근데 진짜 갈 거야?"

"내일 아침에 오토바이로 출발한다. 지금 가서 짐 준비해놔."

아디띠야의 고향은 라이푸르 밖 덤터리 지역에 위치한 '차티'라는 마을이다. 처음 가보는 찻티스가르 시골에 대한 기대 반과 '반군 만나서 죽진 않겠지' 하는 걱정 반을 안고 출발했다. 오토바이는 시내를 빠져나와 시골길에 들어섰고 내 양쪽 옆으로 보이는 끝이 없는 갈대밭의 향연! 바람결에 따라 넘실대는 갈대들을 보니 아드레날린이 온몸에 뿜어져 나와 춤을 추기 시작했다. 다시 오지 않을 그 순간에 나는 희열을 느꼈다. 정말 오랜만에 느끼는 순수한 즐거움이다.

좀 더 가니 도로가 서서히 좁아지고 앞에 소들을 몰고 가는 여인이 보였다. 진짜 시골에 들어온 것이다. 벼들이 휘날리는 시골 한복판을 지나 안쪽으로 들어가니 아디띠야의 집에 도착했고 아빠와 엄마, 세 여동생들이 대문에서 기다리고 있었다. 짐을 풀고 아디띠야의 엄마가 밥을 해 오셨는데 쌀을 주로 사용하는 찻티스가르 음식은 그 모양이 독특했다. 북인도처럼 자극적인 향신료가 없어서 먹고 나니 편안함이 몰려왔다.

시골의 일상은 단순하다. 아디띠야의 여동생들은 나랑 이런저런 얘기를 하다 한국 사진을 보여달라고 했다. 휴대폰으로 서울 사진을 보여주니 완전히 다른 세상이라며 놀라워했다.

집에서 시간을 보낸 후 우리는 다시 밖으로 나왔다. 여기서 좀 떨어진 우레나라는 마을에 아디띠야 할아버지 집이 있는데 그 집이 우리가 잘 곳이란다.

오토바이를 타고 구불구불한 길을 달리기 시작했다. 그 길 너머로 펼쳐지는 풍경은 인도 시골의 진짜 모습이었다. 노란 곡식들이 춤추는 논밭 사이에 홀로 서 있는 허수아비 하나, 그 옆에 쌓여 있는 짚단들!

인도에 오기 전 이런 광경을 얼마나 상상했던가! 그 광경을 실제로 보고 있자니 몸에 전율이 흘렀다. 아디띠야에게 고마웠다. 이 친구가 없었다면 어떻게 이런 곳에 올 수 있었을까?

인도는 그랬었지

오후 5시 30분인데 마을은 벌써 어두워지기 시작했고 그와 동시에 짜이 가게들은 저마다 램프, 등잔을 켜놓고 불을 밝혔다. 저녁이 되면 마을 사람들은 그 불빛 주변에 삼삼오오 모여 이야기를 나눈다.

몇 개의 가게들을 지나고 연못 하나를 건너 우리는 할아버지 집에 도착했다. *끄란띠 찬드라까르*라고 자신을 소개한 할아버지는 인자하게 웃으며 우리를 저녁 테이블로 안내했다. 의자에 앉아 계신 할머니와도 인사를 나누고 같이 둘러앉아 저녁을 먹었다. 할아버지와 할머니의 얼굴에선 오랜만에 보는 손자에 대한 그리움과 외국에서 온 손님에 대한 반가움이 묻어났다.

저녁을 먹고 가족들과 이런저런 얘기를 하다 보니 밤이 깊었다. 이대로 잠들긴 아쉬워서 나와 아디띠야는 손에 짜이 한 컵씩을 들고 밖으로 나왔다. 까만 어둠에 덮인 적막한 시골의 밤. 하늘에서 비치는 흰 달빛 너머로 마을의 그림자가 어렴풋이 보였다.

아디띠야가 입을 열었다.

"너는 참 운이 좋아. 한국에서 와서 이런 작은 시골 마을도 와 보고."

"그렇지. 너는 외국에 가 보고 싶지 않아?"

"시험공부할 시간도 부족한데 해외여행은 꿈 같은 소리지. 그래도 언젠간 너네 집에 꼭 갈게."

그 '언젠가'라는 시간이 진짜로 올지 안 올지는 아무도 모른다. 어쨌든 지금 그런 것들은 중요하지 않다. 여행에서 가장 중요한 것은 지금 이 순간을 최대한 즐기는 것이다. 나중에 후회가 없도록. 밤늦게까지 이야기를 나눈 우리는 오후에 지나왔던 연못에서 내일 아침 일출을 보기로 하고 잠이 들었다.

인도는 그랬었지

시골의 태양
- Dhamtari

새벽 공기는 차가웠다. 머리에 수건을 감싸고 담요까지 두른 우리는 어제 지나왔던 연못으로 향했다. 어둠에 싸인 시골길은 쥐 죽은 듯 고요했고 우리의 발소리만이 사방에 퍼졌다.

얼마 안 가 도착한 연못 주변엔 물안개가 끼어 있었다. 자리를 잡고 물 앞에 앉자마자 담요를 뚫고 느껴지는 추위, 저 너머로 아스라이 들려오는 사원의 종소리. 작은 마을은 기지개를 켜고 서서히 깨어날 준비를 한다.

물에 살짝 손을 넣어봤다. 생각보다 차갑지 않았다. 아디띠야가 말하길 해가 뜨기 직전인 새벽의 물이 가장 따뜻하다고 한다. 그 말을 증명이라도 하듯 연못 반대편에서 세수를 하는 아저씨가 보였다. 아마 마을에 우유를 팔러 가는 길이리라.

갑자기 물 위로 연기가 팍 피어오르더니 사방을 뒤덮었다. 그 가운데서 떠오르는 붉은 태양. 회색 세상에 떠오른 하나의 동그란 물질. 하루의 시작을 알리고 곡식을 자라게 하는 그것. 태양은 서서히 안개와 물까지 주황색으로 물들였다. 내 부족한 단어로는 설명할 수 없는 분위기였다.

　어느새 마을에 아침이 밝았고 물안개도 걷혔다. 집으로 돌아간 우리는 방금 끓인 짜이 두 잔을 들고 옥상에 올라갔다. 아까 작게 보였던 태양은 이젠 하늘로 떠올라 나무를 드리우며 비춘다. 뜨거운 컵을 후후 불어 마시니 얼었던 몸이 따뜻해진다.

　오늘은 아디띠야 친구가 사는 옆 마을을 둘러보기로 하고 길을 나섰다. 오토바이 뒷자리에 앉아 어제 지나온 울퉁불퉁한 길을 다시 달렸다. 파란 갈대밭을 지나 옆 마을에 들어가니 비포장길에 방치된 소달구지가 보였다. 이곳 사람들에겐 별것도 아니겠지만 생전 처음 보는 모든 광경이 신기했다. 이런 목가적인 풍경을 지나 아디띠야 친구가 사는 집에 들어갔다. 둘은 알아들을 수 없는 사투리로 무언가 대화를 나누었고 나는 멀뚱히 서서 듣고 있었다. 인도답게 손님 접대에 짜이가 빠지지 않았다. 편안한 의자에 앉아서 짜이를 마시던 그 순간은 세상 모든 여유를 가진 것 같았다. 시골이라지만 집 안에는 흔들의자부터 마당까지 있을 건 다 있다. 마당에 둘러앉

　　　　　　　　　　　　　　　　　　인도는 그랬었지

아 짜이를 마시고 있을 때 어머니가 '시타펄'이라는 과일을 내어 오셨다. 연두색 빛을 띠는 처음 보는 과일은 입에서 살살 녹았다.

시골 인심을 한껏 느끼고 나온 우리는 마을의 한 강에 도착했다. 사원 몇 채가 쓸쓸하게 지키고 있는 강둑은 물이 말라 공허했다. 사진 몇 장을 찍고 지평선을 바라보며 얼마간 시간을 보낸 우리는 다시 오토바이를 타고 집으로 내달리기 시작했다.

아침에는 초록색이던 갈대들이 일몰 때가 되면 황금빛으로 빛난다. 끝도 없이 펼쳐진 갈대들이 바람에 맞춰 휘날릴 땐 정신이 멍해진다. 갈대들의 춤을 보며 가만히 서 있으니 코끝에 바람이 느껴졌다.

그 냄새……. 무언가를 태우는 냄새가 스친다. 아마 땔감으로 쓸 소똥이나 연료를 태우는 냄새일 것이리라. 아디띠야도 내려서 이리저리 사진을 찍고 있었다.

짧은 시간이었지만 정말 많은 새로운 경험을 한 곳, 모두가 마음 따뜻한 찻티스가르 사람들 덕분이다.

찻티스가르주에는 이런 말이 있다.

"Chattisgarhiya sable badhiya(찻티스가르 사람들이 가장 좋다)."

찻티스가르를 떠나고 나서 이 말이 생각났다. 술을 마실 때 '치얼스' 대신 '찻띠스가리야 쌉레 바리야!'를 외치던 친구들. 외국에서 온 나를 경계하기는커녕 극진한 대접을 해준 사람들. 그들의 마음이 변치 않기를 바라본다.

인도는 그랬었지

인도의 인종차별

찻티스가르에서 정말 즐거운 시간을 보냈다. 남은 날들이 이렇게 만 지나간다면 얼마나 좋을까? 그러나 좋은 날이 있으면 나쁜 날도 오는 게 당연지사. 벵갈루루에서 일어난 그 사건으로 인해 한동안 인도에 대한 이미지는 나락으로 떨어졌고 한국으로 다시 돌아갈지 를 심각하게 고민했다.

2016년 11월 중순, 찻티스가르를 빠져나온 나는 하이데라바드 여 행을 마치고 데칸고원을 거쳐 벵갈루루에 가는 기차에 몸을 실었 다. 역사적 유적지는 없지만 IT 강국 인도의 모습을 볼 수 있다는 그곳. 처음 이틀은 모든 것이 순조로웠으나 사건은 세 번째 날에 터 졌다. 길을 가고 있을 때였다.

"어이 칭키[17]!"

소리가 나는 쪽으로 고개를 돌렸다. 불량스러워 보이는 청년 세 명이 잔뜩 거드름을 피우며 내 쪽으로 손짓을 하고 있었다. 외국 에서 이런 더러운 짓을 당하면 무시하고 지나가는 게 상책이나 하 도 어이가 없어 그쪽으로 갔다. 세 청년은 먹잇감이라도 잡은 표 정이었다.

"뭐라고?"

---

17)　Chinky: 동양인을 비하하는 인종차별적 단어.

악의 없이 한 행동이라면 그냥 이해시키고 넘어갈 생각이었다. 그러나 그놈들은 진심이었다. 동양인에 대한 증오와 열등감에 가득 찬 그놈들의 말이 아직도 생각난다.

"칭키 새끼, 여기 왜 왔어? 가 버려, 이 XX 놈아!"

처음 겪는 상황에 대꾸도 안 나왔다. 몸이 부들부들 떨렸다. 멀쩡히 길 가는 외국인을 불러다 욕을 하는 이들의 정신 상태란.

물론 모든 인도 사람이 이렇지는 않지만 이 사건의 여파는 매우 강렬하게 남았다. 그동안 너무 콩깍지가 씌었던 걸까? 그날 이후로 인도가 전혀 다르게 보이기 시작했다.

✦ Fact Check-아직도 현존하는 카스트 제도

많은 사람들이 독립 후 인도에서는 카스트 제도가 공식적으로 금지되었다고 생각한다. 그러나 인도 헌법은 카스트에 대한 차별을 금지했지 카스트 제도 자체를 부정하거나 철폐하지는 않았다. 심지어 대학교 입학 서류에 너무나도 당당하게 'Cast'라는 칸이 존재한다. 처음 그 서류를 받고 적잖이 놀란 기억이 있다. 그러나 현대의 카스트는 우리가 알고 있는 브라만, 크샤트리아, 바이샤, 수드라로 나뉘지 않는다. General(일반), OBC(다른 하층 카스트들), SC(지정 카스트들), ST(지정 부족민들) 네 부류로 나뉜다.

독립 후 헌법 제정 시 인도는 하층 카스트에 대한 차별을 금지하고 그들에게 특혜를 부여하기 위해 예약제(Reservation system)를 시행했다. 대학과 정부 기관의 좌석들 일부는 반드시 하층 카스트들에게 할당되어 있다. 그에 따라 대학 입학 기간이나 공무원 시험 기간이면 하층 카스트들은 카스트 증명서를 제출한다.

물론 General로 분류되는 상층, 일반 카스트들의 불만도 만만찮다. 2016년 2월 중순 내가 라자스탄 여행을 중간에 취소하고 델리로 넘어온 다음 날에 하리야나주에서 폭동이 터졌다. 주의 다수를 차지하는 자뜨족이 도로를 점거하고 폭동을 일으켰는데 그 요지는 자신들의 카스트를 OBC, 즉 하층 카스트에 포함시켜 달라는 것이었다. 그 외 2015년 구자라트주에서 파텔 카스트들에 의해 발생한 소요, 뿌네에서 심심찮게 보이던 마라타 카스트들의 시위 등등. 특혜를 위해 자신이 속한 카스트를 오히려 낮춰 달라는 아이러니한 상황이 벌어지는 것이다.

아직도 완벽히 해결되지 않은 카스트 계급 간의 불화는 인도 곳곳에서 과격시위, 폭동으로 비화되며 사회 갈등의 주원인이기도 하다.

마디케리로 떠난 그녀와 나
- Madikeri

사방에 들리는 건 바람 소리뿐이고,

눈 앞에 펼쳐진 건 끝없이 이어진 산등성이뿐인 곳에서 우린 어느 바위 위에 앉아 말했지.

"아, 좋다. 깨끗하고, 사람도 없고……. 나중에 이런 데서 작은 카페나 하나 차리고 살면 어떨까?"

그래. 얼마나 좋을까?

이런 풍경을 매일 바라보며, 가끔 밑에 있는 마을로 내려가 물건 사 오고, 구름 보며 커피 마시며 책 읽는 그런 생활.

가능성은 없지만 우린 진지하게 얘기하기 시작했다. 거센 바람에 그녀의 머리카락이 휘날린다. 우리는 어떻게 여기까지 왔을까?

라이푸르를 떠나 도착한 다음 목적지 하이데라바드. 시내의 중심인 짜르 미나르에서 알리샤를 만났다. 인도에 오기 몇 년 전부터 알고 지내던 누나, 동글동글한 얼굴에 날렵한 몸의 그녀는 전형적인 대도시의 인도 여자다. 이틀간 우리는 같이 하이데라바드를 구경했고 떠나기 하루 전날 알리샤는 자기가 아는 좋은 장소가 있다며 가자고 했다. 도시 중심부를 빠져나와 외곽 쪽으로 달리니 돌산이 하나 나왔다. 골목 곳곳에 보이는 모스크에 부르카로 얼굴을 가린 여인들, 인도가 아닌 아랍국가의 느낌이 나는 골목길을 지나 우린 돌산에 올라갔고 그 위에선 시내 전경이 한눈에 들어왔다.

우리 둘 외엔 아무도 없고 버려진 유적들만 나뒹구는 곳. 불어오는 바람을 맞고 있으니 시내의 수많은 모스크에서 아잔 소리가 일제히 들려온다. 분위기는 내가 지금까지 알던 인도가 맞나 싶을 정도로 이국적이다.

머리에 깍지를 끼고 누워서 사색에 잠기는데 알리샤가 말을 걸었다.

"너는 이다음에 어디로 갈 거야?"

"난 벵갈루루로 가야지."

"그건 나도 아는데, 그다음에 어디로 갈 거냐고?"

"아마 마디케리라는 곳에 좀 쉬러 가려고. 유적지는 많이 봐서."

마디케리라는 이름을 듣자 알리샤는 흥분 모드가 되었다. 마침 학교도 방학이고 여행도 가고 싶었는데 여자 혼자 가기는 망설여졌단다. 그렇게 벵갈루루에서 다시 만나 마디케리로 갈 계획이 잡혔고 우리는 극적으로 다시 만났다. 새벽 12시, 도시의 소음을 뚫고 조용한 산골 마을로 출발하는 버스 안에서 알리샤는 내 손을 잡고 말했다.

"안전하고 행복한 여행이 되기를."

몇 시간이 지났을까, 추위에 잠에서 깼다. 창밖을 보니 건물들은 온데간데없고 빼곡한 나무들만 보였다. 그 위로 밤하늘을 수놓은 수많은 별들.

인도의 기억 중 가장 아름다웠던 날들의 시작이었다.

18

천국 같은 휴양지
- Coorg

커튼을 걷으니 햇빛이 쏟아져 들어오는 아침. 이 지역은 폭포가 유명하다고 한다. 구글 검색으로 찾아낸 폭포 한 곳까지 걸어서 트레킹을 하기로 하고 숙소 밖으로 나왔다.

푸른 하늘에 하얀 구름이 떠다니는 완벽한 날씨. 새로운 장소에 대한 걱정은 내려놓고 우리 둘은 산속 풍경으로 빠져들었다. 길에선 알싸한 커피 향기가 났는데 정말 머리와 마음까지 깨끗해지는 기분이다.

인도는 그랬었지

길에는 이름 모르는 꽃들이 피어 있었다. 맑은 공기와 깨끗한 환경 덕분에 은퇴하고 이곳에 별장을 짓고 사는 사람들이 꽤 된다. 그들의 웅장한 별장을 보고 부러운 마음이 들었다. 그렇게 우리는 폭포를 찾아 푸른 길을 계속 올라갔다.

한 시간쯤 걸었을까? 포장된 길이 끝나고 자갈과 잡초로 뒤덮인 곳을 지날 때 물소리가 들렸다. 쏴아아 떨어지는 소리가 아닌 졸졸졸 흐르는 소리. 앞으로 가 보니 강이 하나 있고 그 위엔 작은 나무다리가 만들어져 있다. 험한 길이지만 사람들이 오가는 곳인가 보다.

"꼭 이걸 건너야 하나? 좀 무서운데?"

"다른 길이 없잖아. 한 명씩 건너면 되지."

결국 알리샤가 먼저 건너고 나는 뒤를 따랐다. 나보다 네 살 많은 알리샤는 다분히 누나 같은 면이 있어 많이 따랐다. 다리를 건너고 위로 올라가자 깔끔히 포장된 도로가 나왔고 그 밑으로 펼쳐진 드넓은 나무 계곡! 누가 먼저랄 것도 없이 우리는 길가에 걸터앉았다.

발밑으론 천 길 낭떠러지인 곳. 밑에서 부는 바람은 평소보다 더 서늘했다.

문득 나를 믿고 여기까지 따라온 알리샤가 대단하게 느껴졌다. 자국민 여자들도 혼자 여행하기 힘든 나라에서 외국인 남자를 따라 여행을 오는 건 실로 용감한 결정이 아닐 수 없다.

"그런데 나를 어떻게 믿고 여기로 여행 가자고 한 거야?"

"네가 여기 간다고 말했을 때 이미 결정했어. 여긴 내가 정말 와 보고 싶었던 곳이야. 근데 인도 사회에선 아직도 여자 혼자 여행하는 게 많이 불편해. 너는 힌디어도 하니까 같이 오면 좋겠다고 생각해서 왔지."

얘기를 마치고 우린 다시 출발했다. 쭉 뻗은 길로 내려오니 다시 산길이 시작됐고 폭포가 적힌 표지판이 보였다. 얼마나 걸었을까, 물 떨어지는 소리가 들려온다. 나무들 사이로 그 모습을 드러낸 폭포. 돌계단을 타고 시원하게 떨어지는 물줄기. 아쉽게도 물에 들어갈 수는 없지만 폭포의 경치는 지금껏 쌓인 피로를 풀어주기에 충분했다.

인도는 그랬었지

카메라로 서로의 사진을 찍어 준 뒤 우리는 일몰 포인트로 향했다. 고도가 높은 데다 나무가 많이 심겨 있는 마디케리 시내는 걷기에 좋았다. 산등성이를 따라 쭈욱 난 길을 걸으니 밑으로 아기자기한 집들이 보였다. 여러 가지 색깔로 칠해진 지붕들을 보니 마치 장난감 세상에 들어온 것 같다.

걷다 보니 은은한 조명을 밝힌 기념품 가게가 나왔다. 나는 쇼핑을 좋아하지 않지만 알리샤는 그냥 지나칠 수 없다며 가게 안으로 들어갔다. 종류별로 포장된 커피들이 제일 먼저 눈길을 끈다. 커피 외에도 초콜릿, 과일주 등등 이곳의 특산품은 모두 모아둔 가게였다.

커피에 대한 조예가 깊지 않아 초콜릿만 고른 나와 달리 알리샤는 커피를 종류별로 포장했고 과실주 한 병도 가방에 담았다. 쇼핑을 마치고 나온 우리는 꼬불꼬불한 길을 따라 일몰 포인트에 도착했다. 아담한 크기의 작은 기차가 인상적인 공원이었다.

일몰까지 시간이 꽤 남았지만 전혀 지루하지 않았다. 공원 밑으로 쭈욱 펼쳐진 초록색의 산맥들, 그 위로 피어 있는 보라색 꽃들에 마음을 빼앗긴 채 앉아 있었다. 부드럽게 불어오는 바람에 도시에서 마셨던 미세먼지와 스트레스 모두가 날아가는 기분이었다.

해가 서서히 고도를 낮추었다. 구름의 결에 따라 빨간색, 주황색, 노란색으로 층을 이루더니 이윽고 하늘 전체에 붉은빛을 흩뿌렸다. 인도 관광객들이 일제히 손뼉을 쳤다.

　해가 지고 나서도 강렬한 여운에 우리는 한참 동안 자리를 지키고 서 있었다. 어둠이 내려오자 정신이 들었다. 숙소로 돌아온 우리는 초콜릿을 안주 삼아 아까 사 온 과실주를 땄다. 기대되는 순간, 첫 잔을 들이켠 우리는,

　"야, 이거 너무 이상한데? 과실주가 아니라 설탕물이잖아."

　"포장만 보고 속았네. 내일부터는 커피나 사서 마시자."

　빛 좋은 개살구라더니, 포장이 참 예뻤던 과실주는 한 모금 마시고 화장실 세면대로 직행했다.

19

뜻이 있는 곳에 길이 있다

아름다운 도시 마디케리의 시간은 바람처럼 흘러갔다. 아침이 되면 우리는 가까운 식당에서 커피를 마시고 근처 조용한 공원으로 산책을 다녔다. 한참을 걷다 지친 우리는 공원 벤치에 자리를 잡았다. 보는 사람도 없겠다, 머리를 대고 누우니 빨간 꽃들이 보인다. 살살 불어오는 바람에 찰랑이는 알리샤의 머리칼, 눈에 가득 담긴 푸른 하늘과 함께했던 순간은 미치도록 황홀했다. 한창 무아지경에 빠져 있을 때 알리샤가 말을 걸었다.

"여기 근처에 타디안다몰이란 산이 있다는데 거기 가 볼래? 재밌을 것 같은데."

여행에서 안 될 게 뭐냐? 까짓것 갔다 오는 거지. 마음을 정한 우리는 시내를 돌며 작은 가방과 생수 두 병, 감자칩, 오렌지, 바늘과 실까지 사고 숙소로 돌아왔다. 짐을 분배해 가방에 담고 있는데 뭔가 중요한 게 빠진 것 같았다.

"그런데 거기까지 갈 차가 없잖아?"

그렇지! 우린 차가 없지. 버스도 안 다니는 곳을 무슨 수로 도착한단 말이냐? 즉흥적으로 나온 얘기에 너무 흥분한 나머지 가장 중요한 걸 생각하지 못한 것이다.

저녁이 되어 일단 밥을 먹으러 나왔다. 시내 중심에 위치한 코다구 레스토랑은 이 지역 전통음식을 파는데 그 재료와 맛이 독특해

인도는 그랬었지

매일 방문했다. 인도에서 보기 힘든 돼지고기와 치킨으로 만든 코다구식 커리를 먹고 나오니 어둑해져 있었다. 손을 잡고 어두컴컴한 길을 걸어가는데 반대편에서 남자 두 명이 우리 쪽으로 다가왔다. 누구지?

남자 두 명은 우리 앞에 서서 지역어로 뭔가 말했다. 알아들을 수 없다는 표정을 지으니 그중 한 명이 지갑에서 명함을 꺼내 우리에게 건넸다.

'Madikeri taxi service. mr Vasant'

택시 드라이버였다. 힌디어 20%, 영어 20%, 손짓, 발짓 60%를 섞어 대화한 결과 자기는 장거리 운전 서비스도 제공하니 어디든 가고 싶으면 전화를 하라는 뉘앙스다. 영업을 성공적으로 끝낸 그들은 다시 어둠 속으로 사라졌지만 우리의 기분은 말로 할 수 없었다.

뜻이 있는 곳에 길이 있다고 했다. 그러니 어딘가를 가고 싶으면 두려워하지 말고 일단 배낭부터 싸라.

산 중턱에서 카페를?
- Tadiandamol

새벽 5시에 드라이버를 불렀다. 타디안다몰까지 2,500루피를 부른다. 거리에 비례하면 나쁘지 않은 금액, 모든 준비를 마친 우리는 차에 타고 출발했다.

깊게 잠든 시내를 벗어나니 울창한 숲이 시작됐고 알리샤는 내 옆에서 잠들었다. 평소에 여행을 많이 안 했는데 갑자기 이렇게 일찍 일어나고 돌아다니니 얼마나 힘들까. 내 어깨에 머리를 기대고 곤히 잠든 그녀를 깨우고 싶지 않다. 자라, 마음껏!

잠에서 깨니 차가 산 중턱에 멈춰 있다. 바로 앞에 올라가는 길이 있는데 나무들이 많아서 정상이 보이지 않았다. 알리샤도 자기는 이렇게 높은 산 처음 타본다고 흥분 모드다. 말하지는 않았지만 사실 나도 처음이다.

천천히 걷다 보니 나무 향기가 정말 좋다. 푸른 사방과 청명한 공기. 사람들로 북적거려 산인지 시장판인지 구분이 안 가는 한국의 산들과 달리 여긴 우리 둘 말고는 아무도 없다.

좀 더 가다가 길이 두 갈래로 나뉘었다. 잠깐의 고민 끝에 두 쪽 다 가보기로 하고 우선 왼쪽으로 방향을 트니 어디선가 물소리가 희미하게 들렸다.

'혹시 여기도 폭포나 계곡이 있는 건가?' 하는 호기심에 안쪽으로

인도는 그랬었지

더 깊이 들어갔다. 하지만 폭포는 없고 그냥 고인 물이 흐르는 소리다. 얼마나 오래전부터 고여 있을까? 나무 그림자가 드리워 햇빛이 적은 그곳엔 신비한 분위기가 감돌았다. 고요한 정적에 똑, 똑 물 떨어지는 소리만 울려 퍼지는, 마치 요정들이 사는 곳 같다.

한동안 휴식을 취하고 다시 오른쪽으로 방향을 트니 길이 나왔다. 알리샤는 내 손을 잡고 걷기 시작했다. 둘이 손을 잡고 아무도 없는 산길을 걸을 때, 그때만큼은 세상에 부러운 사람이 없었다. 그렇게 서로 얘기를 나누며, 가끔 바위가 나오면 앉아서 쉬기도 하며 계속 전진하니 옆에 우거진 나무들이 끝나고 엄청난 경사의 낭떠러지가 펼쳐졌다. 앞에 보이는 우뚝 솟은 산들의 어마어마한 풍경. 저기가 바로 우리가 가야 할 목적지다.

지금까지 평평하게 이어졌던 길은 점점 경사가 가팔라졌고 잡초들도 무성했다. 나뭇가지를 헤치고 이동하는데, 희미하게 딸랑거리는 소리가 들려온다. 고개를 들어 보니 웬 할머니가 지팡이를 들고 동물을 몰며 내려가고 계셨다. 이런 산골에 사람이라니. 옷차림을 보니 이 주변에 사는 게 틀림없다. 할머니는 영어도, 힌디어도 모르지만 계속 한쪽을 손가락으로 가리켜 보여주셨다. 아마 그쪽에 길이 있다는 것 같다.

잡초밭에서 빠져나온 우리는 경사로를 거의 네 발로 올라갔다. 조금만 더, 조금만 더! 그렇게 오르길 10분, 경사가 끝나고 사방이 넓게 펼쳐진 장소가 나왔다. 여기서 쉬어 가라는 산의 배려일까? 발밑으로 지금까지 거쳐온 길이 쫙 펼쳐졌다. 그 너머로 보이는 푸른 산들의 춤. 혹 인가가 있을까 눈을 씻고 찾아봤지만 사람의 흔적조차 보이지 않는다. 이런 곳에 올라오다니……. 우리 둘은 바닥에 주저앉았다. 그리고 외쳤다.

"야호~!"

목이 떠나가라 소리를 쳤다. 들을 사람도 없다. 배낭에 싸 온 오렌지를 까먹으며 우리는 서로를 바라보며 마음껏 웃었다. 알리샤가 입을 열었다.

"아, 좋다. 깨끗하고, 사람도 없고. 나중에 이런 데서 작은 카페나 하나 차리고 살면 어떨까?"

잠깐 동안 상상의 나래를 펼쳐 보았다. 작은 건물이 들어설 정도의 공간도 있고 매일 매일 맑은 공기를 마시며 이런 풍경과 함께하는 생활, 상상만 했을 뿐인데 가슴이 두근거렸다.

문득 이런 생각이 들었다. 상상은 인간으로 하여금 얼마나 많은 불가능을 가능하게 만드는지.

중턱에서 마음껏 시간을 보낸 우리는 정상을 향해 발걸음을 옮겼다. 갑자기 울창한 숲이 튀어나오고 길은 더더욱 가팔라졌다. 발밑으로 미끄러지는 모래들을 보고 있자니 식은땀이 났지만 정상이 멀지 않았다. 조금만 더 힘내자!

결국 우리는 올라왔다. 더 이상 올라갈 곳이 없는 곳으로. 사방을 둘러봐도 이보다 높은 곳이 보이지 않는다. 발밑으로 구름이 지나가고 거친 바람 소리가 들리던 곳.

우리는 서로 끌어안고 이 여정을 축하했다. 밑이 안 보이는 돌덩이에 앉아 밑으로 흘러가는 구름을 바라보았다. 휴대폰으로 노래를 틀었다. 너무나도 아름다운 지금 이 순간. 천천히 흘러나오는 힌디어 노래가 사방에 퍼져간다.

그렇게 2016년 11월 어느 날의 산행은 가끔 힘들 때 떠올릴 수 있는 순수한 기억으로 남게 되었다. 후에 인도의 많은 지역을 다녔지만 이보다 아름다운 경험을 한 곳은 아직껏 없다.

PG는 괴로워

    꿈같던 여행이 끝나고 뿌네에 돌아오자마자 집값의 압박이 다시 시작됐다. 월세는 두 달 새 1,500루피가 올랐고 집에서 오는 전화는 그리 희망적이지 않다.

    "준학아, 사업이 잘 안 돼서 이 이상으로는 힘들겠다. 거기서 아르바이트라도 해서 버텨라."

    인도 물가가 아무리 싸도 이걸로는 힘들다. 결국 이사를 하기로 결정했고 새집을 알아보던 중 친구들한테 엄청난 정보를 들었다.

    "PG라고 있는데 한 달에 7,000루피 정도만 내면 아침, 점심, 저녁까지 다 제공해줘. 대신 방은 여러 명이서 함께 써야 해."

    한국과 달리 인도는 혼자 사는 자취 문화가 없다. 그 대안으로 생겨난 게 기숙사 형태인 PG다. 한 방에 두세 명이 같이 살면서 식사가 제공되는 편의성 때문에 시골에서 도시로 올라온 학생들과 직장인들이 주로 거주한다.

    이런 엄청난 곳이 있다니! 당장 주변의 PG들을 탐색했다. 몇 군데를 둘러본 후 가까운 곳에 위치한 PG 하나를 찾았다. 짐을 정리하고 보증금을 받았다. 6개월간 살며 이런저런 사람들도 만나고, 심심하면 옥상에 올라가 커피를 마시던, 위스키 먹고 토하며 난리도 났고 한국 사람들끼리 모여 맥주도 마신 날들. 이런저런 추억이 깃든 집을 떠난다니 쓸쓸했다.

이제부터 살게 될 PG에 도착해서 열쇠도 받고 짐을 풀었다. 거기서 만난 룸메이트 라지브. 하얀 피부에 컴퓨터 엔지니어라는 이 친구의 첫인상은 굉장히 깔끔한 인텔리 청년이었다. 그러나 라지브의 첫 마디는 내 첫인상과는 전혀 딴판이었다.

"내가 밤에도 많이 돌아다니거든, 그래서 잘 때 좀 불편할 수 있어. 미리 말해두는데 방을 바꾸는 게 좋을 거야."

이건 뭔 소리지? 다른 방이 없어서 여기로 온 건데. 언짢았지만 앞으로 쭉 같이 살아야 할 친구니 별말 안 하고 넘어갔다. 그렇게 이 친구와의 불편한 동거가 시작되었다.

결론부터 말하면 살다 살다 이 정도로 이기적인 사람을 본 적이 없다. 매일 새벽 다섯 시에 울려대는 알람에 잠을 깨기 일쑤였다. 일어나서 일을 나간다면 이해한다. 알람이 울리든 말든 자는 그의 모습을 보면 나도 모르게 주먹이 쥐어졌다. 꺼도 꺼도 다시 울리는 알람에 결국 이어폰을 끼고 잠들었다.

이건 시작에 불과했다. 새벽 네 시에 알아들을 수 없는 오리야어로 통화하기, 다른 자물쇠로 문 잠그고 나가기 등등. 그중 가장 화나는 것은 도대체 왜 새벽 세 시에 샤워를 하냔 말이다. 화를 내도 그때뿐, 내일 또 반복되는 행동에 꼭지가 돌아버릴 지경이었다.

네이버에 검색을 해 보니 호주나 캐나다에 사는 한국인들도 인도인 룸메이트 때문에 고충을 겪는 사람들이 상당했다. 벵갈루루 사건에 이것까지 겹치니 정이 뚝뚝 떨어지기 시작했다. 친근하게 느껴졌던 표정이 가식으로 보인다. 여기 온 게 잘한 선택인지 끊임없는 의문이 들었다. 당연히 공부도 손에 잡힐 리 없다. 어느 날 한인회에서 알게 된 선정 누나가 제안을 하나 했다.

"뭄바이에서 한국 박람회를 하는데 힌디어를 할 줄 아는 사람이
필요하대."

무슨 일이 기다리고 있는지 모른 채 나는 뭄바이로 갔다.

인도는 그랬었지

적반하장이 무엇인지 인도에서 배워라

그렇게 다시 도착한 뭄바이. 고레가온에 위치한 거대한 세트장에서 박람회 기획자를 만나 이런저런 얘기를 나누었다. 듣자 하니 인도는 영어만 하면 다 통할 줄 알았는데 막상 와 보니 현지 설치 기사들과 노무자들은 영어를 거의 몰라 힌디어를 아는 사람이 필요하게 된 거란다. 처음으로 현장에서 힌디어를 써 볼 기회가 왔다. 행사 기간에 모든 능력을 발휘해 재밌게 일하자는 다짐을 했으나 내 멘탈이 깨지는 데는 오랜 시간이 필요하지 않았다.

여러 가지 물품을 조달하고 현지 학생들을 준비시키며 이벤트 당일이 되었다. 한국을 대표해 뭄바이 시민들에게 한국 제품을 소개하는 자리인 만큼 실수가 없어야 했다. 시작 두 시간 전 개막 공연을 펼칠 한국의 태권도팀과 인도의 전통무용팀과 인사를 나누었다. 높은 분들도 계신 자리니까 시간을 엄수해 공연 5분 전까지는 무대 옆에서 대기하라는 지시까지 전달했다. 문제는 여기서 터졌다.

태권도 공연이 끝나고 무대로 올라가야 할 인도 팀들이 보이지 않는다. 전화 너머로는 'This number is currently switch off……'라는 소리나 들려오고, 청중들은 아무것도 모른 채 다음 순서를 기다리고 있고, 이건 최소 비상사태다. 지금 당장 전시장 전체를 뒤져서라도 인도 팀을 찾아오라는 기획자님의 말이 끝나자마자 나는 달렸다.

가장 빠른 속도로. 어디 있을지 모르는 인도 무용팀을 찾아서.

한참을 달린 끝에 세트장 끝에 대기실에서 그들을 찾았다. 시간이 훨씬 지났는데 대체 뭐하고 있냐고 물어보니 아직 준비가 덜 끝나서 10분은 더 기다리라는 대답이 돌아온다. 이건 뭐? 춤이라도 추랴?

관리자에게 무전을 쳐 이 사실을 알리니 격앙된 목소리가 들렸다.

"야, 지금 미쳤다고 15분을 더 기다려? 다른 팀들 무대에 올릴 테니 개네들 공연 취소한다 그래! 벌써 몇 분째 우리 다 기다리고 있어!"

시계를 보니 벌써 25분이 지나 있다. 이들은 뭘 믿고 아직껏 준비도 안 한 것인가? 전적으로 시간을 지키지 못한 인도 팀의 잘못이니 공연이 취소되어도 할 말은 없다. 그러나 팀을 이끄는 아줌마는 취소되었다는 말을 듣자마자 발악하기 시작했다. 사람들이 우리 주위로 몰려들었다.

"너희들이 감히 우리나라에 와서 우리 공연을 취소하겠다고?"

"아침에 여러 번 공연 시간을 안내했고 최소한 시작 5분 전까지는 무대 옆에서 대기하라고 말했소. 약속된 시간 30분을 넘겨놓고, 전화도 꺼 놨으면서 어디서 따지는 거요?"

"인도에선 20, 30분 늦는 건 아무것도 아니야. 그리고 공연 시작 전에 취소하면 액운이 따른다고. 지금 당장 관리자와 얘기해서 무대에 올리지 않으면 내가 너희들 얼굴 다 뉴스에 나오게 할 테니 알아서 해. 관리자 그놈 어디 있어?"

들자 들자 하니 어이가 없어 헛웃음이 나올 지경이다. 이 인간들의 정신 상태는 얼마나 꼬여 있길래 미신은 맹신하면서 공식 행사의 시간은 무시하는 건가? 무대에선 예정대로 다른 공연이 진행되고 있지만 관중들은 우리의 싸움에 더 관심이 있어 보인다. 학생들과 노동자들 할 것 없이 우리 주위를 둘러싸고 구경하고 있었다.

이 모든 사달은 전화기를 꺼놓고 시간을 지키지 않은 그들 잘못 아닌가? 그 순간 모든 것에 정이 떨어졌고 회의감이 몰려왔다. 여행의 환상과는 동떨어진 거주자의 생활. 이제 이해가 된다. 인도에서 일하고 돌아와 인도를 욕하던 사람들 마음이.

한국에 돌아오고 꽤 오랜 시간이 지나서야 이해했다. 그런 미친 사람들은 비단 인도만이 아닌, 한국에도 충분히 있으며 사회에서 언젠가 한 번은 반드시 마주칠 상황이었던 것을. 그러나 그때의 나는 어렸고 마음의 준비가 덜 되어 있었다. 결론적으로 박람회는 무사히 끝났고 관리자와 한국인 누나들과 아쉬운 작별을 했다. 손에 통역비를 받아들고 고민에 빠졌다. 두 달 치 집세를 내거나, 석 달 동안 여행을 할 수 있는 액수다.

'거기로 꼭 돌아가야 하나?'

결국 나는 돌아가지 않았다. 뭄바이 마지막 날 친구들을 만나 거하게 술을 마시고 방글라데시로 떠났다. 그렇게 새로운 여정이 시작되었고 그 길에서의 경험은 오래된 학교 건물에 앉아서는 절대 배울 수 없는 것이었다. 다시 생각해봐도 그때 뿌네에 돌아가지 않은 나에게 박수를 보내고 싶다.

한 산골 마을의 일출
- Netarhat

    이 여정은 2017년 2월, 방글라데시를 여행하고 돌아온 콜카타에서 우연히 구하게 된 란치로 가는 버스 티켓으로 시작되었다.

    란치는 콜카타가 속한 웨스트 벵골 옆에 위치한 자르칸드주의 주도이다. 인도 내에 아디와시[18]족과 숲의 비율이 가장 높은 지역. 덕분에 한국어 가이드북엔 이름조차 없고 종종 발생하는 총격전과 낙살 반군과의 교전으로 시끄러운 곳이다.

    뿌네를 떠나 방글라데시를 여행하고 다시 돌아온 콜카타. 버스 정류장에 서서 다음 목적지를 탐색하기 시작했다. 여기서 출발하는 대부분의 버스는 다르질링이나 디가로 간다. 다르질링은 너무 관광객이 많을 것 같고, 디가는 바다로 유명한데 이미 방글라데시에서 바다를 실컷 보고 와서 관심이 안 갔다. 뭘 고민하나? 오늘 밤에 출발하는 란치행 티켓을 구매해 버렸다.

    밤이 되고 버스는 콜카타를 벗어나 어둠이 깔린 시골을 내달렸다. 도시의 불빛이 희미해지고 하늘엔 별들이 보였다. 인도의 시골은 아침, 오후, 일몰, 밤 네 개의 다른 얼굴을 가지고 있어 봐도 봐도 새롭다.

---

18)   Adiwasi: 인도 토착 원주민.

깜빡 잠이 들었는데 버스 안내원이 나를 깨운다. "란치 아개야 바이야(란치에 도착했습니다)." 눈을 비비고 시간을 보니 새벽 다섯 시반. 한기가 내려앉은 버스 스탠드에 앉아서 해가 뜨기만을 기다렸다. 버스에 타기 전 한국에서 알게 된 인도 교수님께 자르칸드에 간다고 하니 자기가 아는 다른 교수님이 계신 대학에 머물 곳을 마련해주셨다.

항상 여행 중에는 생각지도 못한 곳에서 길이 생기고 기대에도 없던 도움을 받았다. 사람들의 이런 도움이 없었더라면 중간에 여정을 접고 돌아와야 했을 것이다.

그렇게 도착한 자르칸드 중앙 대학교(Central university of Jharkhand)에서 한국어를 가르치시는 무케쉬 교수님의 방에 머무르게 되었고 한국어과 학생들과 재밌는 시간을 보냈다. 이런 외진 곳에 한국어과가 있다는 사실이 신기하고 또 반갑기도 했다. 수업이 끝나면 학생들과 주변 시골 마을을 돌아다녔고 가끔은 집으로 놀러 가 술도 마셨다.

그렇게 시간을 보내다 보니 다음 목적지로 떠날 날이 가까워졌다. 이렇게 떠나기는 아쉽고 란치에서 멀리 떨어진, 분위기 나는 여행을 하고 싶었는데 무케쉬 교수님의 동생 프라샨트가 제안을 하나 했다.

"네따르하트라는 곳이 있는데 우리 거기나 가 볼까? 일출과 일몰이 유명한 곳인데 내 친구 두 명이 따라가면 비용도 얼마 들지 않을 거야."

그렇게 날짜를 맞추고 차를 운전할 드라이버와도 얘기를 했다. 다시 배낭을 싸니 오랜만에 여행의 설렘이 느껴졌다. 출발 당일날 프라샨트의 친구인 빅키와 수브라만냠을 만나 우리 넷은 차에 올랐다. 또 다른 여정의 시작이다.

차 스피커로 인도 노래를 크게 틀었다. 이게 바로 인도에서 하는 자동차 여행의 묘미, 신나는 노래를 들으며 시골길을 달리니 여행 분위기가 제대로 났다. 그렇게 우리는 점점 도시와 떨어진 내륙의 깊은 숲속으로 들어가고 있었다.

조금 더 가니 자르칸드가 인도의 다른 지역에 비해 얼마나 낙후된 지 알 수 있었다. 인가는 고사하고 사람 한 명도 보이지 않고 휴대폰은 신호조차 안 잡힌다. 중간중간 울창한 나무들로 가려진 언덕을 통과하며 드라이버가 "이 안에는 낙살 반군들이 삽니다. 창문 열지 마세요."라고 말할 때는 소름이 돋았다. 그래도 아직 대낮인데, 설마 무슨 일이 있을까?

그렇게 두 시간을 더 달렸을까, 길 앞에 정말 멋진 숲이 보였다. 도로 양옆에 나무들이 심겨 있는데 오후의 햇빛이 길에 쏟아지는 광경은 정말 장관이었다. 잠시 차를 세우고 우리 모두 내려서 사진을 찍었다. 다행히 엄청나게 깊은 숲도 아닌 데다 목적지 네따르하트가 얼마 남지 않았다.

얼마 안 가서 네따르하트에 도착했다. 차에서 내리니 저 멀리 야트막한 산이 보이고 전형적인 인도 시골의 풍경이 펼쳐진다. 내륙 깊은 곳에 있지만, 의외로 인도 관광객들이 많이 오는 것 같다. 허름한 숙소에 짐을 풀고 저녁엔 이 지역 특별요리인 '데시 무르가'를 먹고 싶다고 하니 숙소 아저씨는 우리 앞에서 실한 닭 한 놈을 잡아 주셨다.

숙소에서 나온 우리는 일몰 포인트에 도착했다. 울타리 너머로 펼쳐진 끝없는 산들의 향연. 북인도 내륙에 이렇게 험한 산세가 있을 거라고는 상상도 못 해봤다. 아쉽게도 그날은 구름이 많아 완벽한 일몰을 보는 건 실패했지만 풍경이 멋있어서 실망하지 않았다. 내일 아침 일출을 기약하기로 하고 숙소로 돌아왔다.

해가 떨어지기 무섭게 사방이 어두워졌다. 전기가 들어온 지 5년이 채 안 된 이곳의 밤은 무섭도록 캄캄하다. 숙소를 향해 걸어가는 길, 우리의 발소리 외에는 나무 소리, 새소리, 벌레소리만 들리

는 곳. 아리아인들이 침략하기 전부터 토착민들이 살며 그들만의
문화를 일군 자르칸드주의 신비함은 밤에 절정을 이룬다. 시간이
꽤 흘렀지만 이 포장도로 빼고 변한 게 없는 것 같다. 사람들, 언어
들, 자연 그리고 분위기 모두! 하늘을 올려다보니 별들이 총총히 떠
있다. 쏟아질 것 같다.

숙소로 돌아오니 주인아줌마가 마당에 불을 피워 놓았다. 캠프파
이어다. 초등학교 때 수련회 이후로 몇 년 만인가. 이렇게 인도의 시
골 마을에서 다시 보다니…… 느낌이 새롭다.

우리는 불 주위에 둘러앉아 각자 얘기를 하며 닭을 뜯었다. 별이
떨어지는 밤, 조용한 시골에서 모닥불을 피우고 그 주위에 앉아서
먹는 요리의 맛이란!

그야말로 행복한 맛이다.

다음 날, 새벽 네 시에 일어나 밖으로 나왔는데 정말 미친 듯이 추웠다. 담요를 뒤집어썼는데 담요 하나로 해결될 추위가 아니다. 우리 모두 벌벌 떨며 차를 타고 어두컴컴한 산길을 달려 일출 포인트에 도착했다. 한 시간 정도 기다리니 서서히 사방이 밝아지며 안개에 덮인 산들이 보이기 시작한다. 그리고 10분 뒤, 안개 속에서 해가 서서히 떠올랐다.

여행하면서 여러 번 일출을 보았다. 어둠을 뚫고 나오는 해를 보면 경외감이 느껴지고 새로운 마음으로 여행을 시작할 힘을 얻는다.

해가 완전히 뜨고 근처 식당에 들어가 커피를 마시니 좀 살 것 같다. 여기서 좀 떨어진 곳에 영국 식민시절에 지어진 학교가 있다고 해서 가 봤다. 조용한 정원처럼 꾸며진 학교를 보고 옆에 있는 박물관에도 들어갔다. 도시의 소음과 공해와는 동떨어진 곳. 꽃들이 심긴 잔디밭을 걸으니 세상 평화롭다.

이제 이곳을 떠날 시간이 가까워졌다. 프라샨트와 두 명의 친구들은 란치로 돌아가야 하고 나는 달통간즈라는 곳에서 다음 목적지로 가는 기차를 타야 한다. 그렇게 차를 타고 달리던 중 사진 찍기에 딱 좋은 호수 하나가 나왔다. 우리 모두 한마음 한뜻으로 호수 앞에서 마지막 기념사진을 찍는 데 동의했다.

사진을 사랑하는 인도인들, 그 인도에 사는 나답게 15분 동안 각자의 입맛대로 사진을 찍고 마지막으로 내가 한국식 점프 샷을 제안했다. 드라이버 아저씨한테 카메라 버튼과 타이머, 점프 타이밍을 완벽히 이해시키고 우리는 호수 앞으로 갔다. 이어지는 구호 엑, 도, 떤~(하나, 둘, 셋)!

찰칵, 우리 모두의 인생 샷 하나를 건졌습니다.

1박 2일간의 여정. 인프라가 부족했지만 시골의 냄새, 모닥불 주위에 둘러앉아 먹은 데시 무르가, 밤하늘의 별들, 장관이었던 산들 사이의 일출과 일몰. 인도의 가장 덜 알려진 지역의 가장 기억에 남은 여행이었다.

인도는 그랬었지

먼지 날리는 반군 지역 팔라무
- Palamu

네따르하트 여행을 성공적으로 마친 우리는 다시 헤어졌다. 친구들은 모두 란치로 돌아가고 나는 혼자 버스 정류장에 남았다. 네따르하트는 인도에서 흔하디흔한 기차역 하나 없는 '깡시골'이라 이동을 하려면 기차역이 있는 달통간즈로 가야 했다. 흙빛이 감도는 정류장엔 질서라곤 찾아볼 수 없고 자리를 못 찾은 승객들은 지붕에까지 올라탔다.

십 분을 더 기다리니 저 멀리서 익숙한 얼굴이 보였다. 아만! 란치대학교에서 만난 고향이 달통간즈인 친구다. 반갑게 악수를 하고 우리는 달통간즈로 가는 버스에 올라탔다. 두 명이 타도 좁은 자리에 세 명을 끼어 앉히고 안내원은 버스를 출발시켰다.

얼마 되지 않아 버스는 울창한 숲길을 달리고 있었다. 인도의 다른 지역에선 한 번도 못 본 광경이다. 수십 미터가 넘는 것 같은 나무들은 끝날 기미가 안 보였다. 조금 더 가니 차체가 위아래로 울렁거리기 시작했다. 이렇게 험하고 외진 곳에 승객들이 많은 게 신기할 정도다. 궁금해졌다. 이 사람들의 집은 어디일까?

세 시간을 달리고 나서야 나무들이 사라지고 건물이 보인다. 달통간즈 시내에 도착한 것이다. 다음 목적지로 떠나기까진 아직 이틀이 남았으니 내일은 근처에 있는 성 하나를 구경하기로 했다. 아만이 안내한 호텔에 짐을 풀고 카운터에 얘기해 차까지 예약했다.

모든 준비가 완료됐다.

다음 날 아침 아만은 친구 한 명을 데리고 나타났다. 프런트에 대기하고 있던 차에 우리 세 명이 올라탔다. 호탕한 성격의 드라이버는 일행 모두와 악수를 하고 시원하게 차를 출발시켰다.

차가 시내를 벗어나자 어제 봤던 숲길이 또 시작했다. 느낌일까? 왠지 나무들이 더 높아진 것 같다. 교통체증은 고사하고 길에 굴러다니는 차가 한 대도 없었다. 깊숙이 들어갈수록 나무들은 더 빽빽해졌고 급기야 햇빛을 가렸다. 밖은 어두컴컴했고 스산한 분위기가 감돌기 시작했다.

거기에 드라이버가 한술 떠 얹었다.

"속도를 좀 내겠습니다. 이런 숲속엔 반군들이 살아요. 안 만나기를 기도해야죠."

등골이 서늘해졌다. 인도 뉴스에서만 보던 지역을 지금 지나가고 있다. 쥐 죽은 듯이 고요하고 사방이 나무로 둘러싸인 이곳에서 무슨 일이 일어난들 영영 파묻힐 것이다. 챙겨온 나이프만 괜히 만지작거렸다.

스산한 숲길을 두 시간쯤 달렸을까, 나무들이 걷히고 저 멀리 산 위로 성벽이 보인다. 저게 바로 우리의 목적지인 팔라무 성(Palamu fort)이다. 방금까지의 공포는 어디 가고 가슴이 뛰기 시작했다.

성채 앞에 차를 세우고 내렸다. 드라이버는 이곳에 많이 와본 듯 성의 역사를 설명하기 시작했다.

"이 성은 지역 왕조인 체로 왕조가 16세기에 건설한 거예요. 조용할 것 같지만 의외로 많은 이슬람 술탄들도 거쳐 갔죠."

이런 외진 지역을 처음 발견해 성을 지은 왕과 기어이 여기까지 침략한 이슬람 술탄들까지, 그 옛날에 어떻게 이런 외진 곳에 성을 지을 생각을 했을까?

500년 정도 된 오래된 돌계단은 부서지고 미끄럽다. 벽에 손을 짚고 한 칸씩 내디디며 위쪽 복도로 나오니 숲에 파묻힌 성벽과 울창한 숲의 경관이 한눈에 들어왔다.

과거 왕족이 살았던 성은 숲의 원래 주인 나무들에 자리를 내주었다. 덩굴 속에 반쯤 파묻힌 성곽은 엄청난 아우라를 내뿜었다. 햇빛도 잘 들지 않고 공기도 차가워 강한 음기가 느껴졌다.

과거에도 저 성벽 주변에 풀들이 무성했을까?

왜 성을 지어도 이런 곳에 지었을까?

수많은 생각이 들었다. 과거의 영화는 지나갔고 지금은 쓸쓸히 낙엽만 날린다. 사방으로 시선을 돌려봐도 나무, 반쯤 말라버린 강, 다른 성벽 외에는 보이는 풍경이 없다.

우리 셋은 사진을 찍고 밑으로 내려와 드라이버의 안내대로 방향을 바꿨다. 몇 걸음 옮겼을 뿐인데 위에서 봤던 울창한 숲 안에 들어와 있었다. 드라이버가 가리키는 쪽으로 시선을 돌리니 또 다른 성벽이 나왔다. 완전히 나무 뿌리에 잠식되어 있는 성벽은 공포 영화에서 방금 튀어나온 장면 같다. 비가 오는 날이면……. 상상에 맡기겠다.

앞을 보니 깊은 구덩이가 시커먼 입을 벌리고 있다. 드라이버가 설명을 했다.

"이건 우물입니다. 과거에 왕비가 목욕했다고 전해지죠. 들어가 볼 수도 있어요."

내키지 않았지만 그냥 가는 것도 아쉬워 우리 넷은 안으로 발걸음을 옮겼다. 들어가자마자 싸늘한 공기가 몸을 휙 감쌌다. 서늘하다 못해 추울 지경이다. 놀랍게도 계단 상태는 좋아서 우리는 바닥까지 내려가 위를 올려다봤다.

깊이가 꽤나 깊었다. 뚝, 뚝 물방울 떨어지는 소리가 희미하게 울리고 위에서 빛이 음침하게 들어온다. 왕비가 목욕했던 곳. 500년 전 이야기다. 왠지 물 떨어지는 소리가 섬뜩했다.

인도는 그랬었지

우물 밖으로 나온 우리는 또 다른 성벽과 마주했다. 색이 상당히 남아 있지만 군데군데 금이 가 있다. 몇 년 후에도 버티고 있을지 의문이다.

돌아가기 전 우리는 마지막으로 언덕에 올라 바람을 쐤다. 다른 건 몰라도 이곳의 바람만큼은 최고다. 잠깐 눈을 감았다 떴다. 저 멀리 산맥이 보인다.

원주민, 반군들이 숨어서 활동하는 곳. 그래서 더더욱 비밀스러운 곳이다.

바람을 쐬고 우리는 차에 올라탔다. 늦게까지 머물러서 좋을 건 절대 없다. 아까 왔던 울창한 숲길을 통과해 시내로 돌아가던 중 경찰의 검문이 있었다. 나는 여권을 제시했고 친구들은 학생증을 보여주니 무사통과되었다. 경찰들은 조금 더 어두워지면 누가 나올지 모르니 빨리 시내로 가라는 말을 덧붙였다. 그 말에 등골이 다시 서늘해졌다.

울창한 숲을 빠져나온 차는 먼지 날리는 황량한 시골길을 달리기 시작했다. 창밖으로 보이는 풍경은 서부 영화에 나오는 버려진 마을과 비슷했다. 진흙집과 작은 가게들을 지나쳐 우리는 밥을 먹으러 허름한 길거리 식당에 들어갔다. 어두컴컴한 실내는 아까 봤던 우물처럼 음산한 분위기를 풍겼다. 치킨이 있냐고 물어보니 놀랍게도 있단다! 망설임 없이 치킨 요리 4인분을 주문했고 잠시 후 갈색 커리가 나왔다. 긴 여정에 허기진 우리들은 각자의 치킨을 로띠와 양파와 같이 맛나게 뜯어 먹었다. 식당의 상태에 비해 음식은 정말 맛있었다.

자르칸드를 표현할 수 있는 단어는 '날 것 그대로'이다. 여행자를 위해 전혀 가공되지 않아 첫인상은 거칠고 투박하다. 그러나 투박함 속에서 느낀 날것의 맛은 4년이 지난 지금도 잊히지 않을 정도로 색달랐다.

인도는 그랬었지

그냥 살아진다
- Sonbhadra

그 마을은 신기루처럼 나타났다.

인도 내에서도 최고 오지로 꼽히는 손바드라(Sonbhadra)를 여행할 때였다. 이곳에 온 목적이자 유일한 관광지인 비제이가르 성을 구경하고 시내로 돌아오는 길. 돌무더기를 비집고 달리는 차체가 심하게 흔들린다. 힌두스탄 평원에서 흔히 보이는 푸른 논밭도 없는 무(無)에 가까운 풍경. 휘날리는 갈색 흙먼지를 보니 사막 한가운데를 달리는 것 같다.

그때 갑자기 저 멀리서 보이는 푸르름. 예상치 못한 색의 대비다. 좀 더 가까이 가보니 집들이 있다. 땅을 닮은 황토색의 집들.

알 수 없는 끌림에 차에서 내렸다. 카메라를 들고 신기루처럼 튀어나온 마을 길을 걷기 시작했다. 언제부터 이루어졌는지 모르는 완벽한 이들만의 세계다.

진흙집 말고는 아무것도 없다. 이곳 사람들에게 학교나 병원은 다른 세상 얘기일지도 모른다. 그러나 이렇게 척박한 곳에서도 인생은 이어지고 있다. 그리고 아이들……. 이런 외진 곳에서도 아이들은 똑같다. 외국인을 신기해하고, 로컬 게임을 하며 깔깔대는 웃음소리!

머리를 얻어맞은 듯한 충격을 느꼈다. 나는 지금까지 무슨 잣대로 세상을 판단한 것인가? 좋은 대학 가서 토익점수 잘 받고, 자격증 최대한 많이 따 놓고……. 소위 말하는 스펙을 쌓아 번듯한 직장을 잡지 않으면 세상을 살아갈 수 없다고 생각했다. 그런데 이곳 사람들에게 자격증이 뭔가? 스펙이 뭔가? 그리고 회사는 또 뭔가? 이런 것들이 존재하는지 알기는 할까?

누군가 만들어낸 기준에 모두를 끼워 놓고 그 기준에 부합하지 않는 사람들을 우리는 종종 비문화인, 후진국 사람이라며 무시한다. 그런데, 이런 인생을 틀렸다고 할 수 있나? 누가 그 잣대를 우리한테 주었나?

그곳의 분위기는 너무나도 강렬해서, 내가 머물렀던 시간은 한 시간 남짓이지만 임팩트는 강렬하게 박혔다.

내가 사는 사회가 전부가 아니고 우리의 방법이 항상 맞는 것도 아니다.

토익점수니, 등록금이니, 스펙 쌓아 무슨 기업 들어가자, 이렇게 아등바등하지 않아도 그냥 살아진다.

이딴 거 없어도, 우리의 기준으로 전혀 살 수 없을 것 같은 곳에서도 인생은 계속된다.

인도는 그랬었지

네가 변했니? 아니면 내가 변한 건가?
- Varanasi

　2017년 3월, 1년 만에 다시 그 장소에 내렸다. 작년과 똑같은 소음, 똑같은 분위기, 전혀 변하지 않은 혼잡한 거리를 보니 바라나시에 왔다는 실감이 난다. 사거리에 모여 고돌리아[19]를 외치는 릭샤들의 행렬. 1년간 쌓인 내공으로 그중 한 대에 올라탔다. 한 가지 변한 게 있다면 이번엔 흥정을 안 하고 탔다. 북인도에서 셰어링 릭샤의 1인당 요금이 얼만지 이젠 너무나 잘 안다. 고돌리아에 도착하고 능숙하게 10루피를 건네니 릭샤왈라는 군말 없이 떠났다. 작년에 봤던 눈에 핏대를 세우고 외국인을 등쳐먹으려는 왈라들과는 너무나 달라 이질감이 느껴질 정도다.

　작년에 그렇게 욕을 하고 떠났으면서 왜 다시 바라나시에 돌아왔냐고? 거의 두 달 동안 방글라데시와 자르칸드의 시골 마을만 돌아다녀 한국 음식을 한 번도 못 먹었다. 한국말을 언제 마지막으로 썼는지 기억도 안 난다. 이대로는 안 되겠다 싶어 한국 여행자들의 성지 바라나시로 오게 된 것이다.

　소와 사람들로 북적이는 거리를 건너 가트에 도착했다. 유유히 흐르는 갠지스강을 보니 여러 가지 생각이 들었다. 절대로 안 올 것 같은 여길 다시 오다니……. 근데 1년이 지나도 여긴 여전하구나.

---

19)　가트와 가까운 바라나시의 거리 이름.

쿠미코 게스트 하우스에 방을 얻었다. 한국 여행자들이 가장 많은 빤데이 가트에 위치한 도미토리식 숙소인데 놀랄 만큼 저렴한 가격(하루 100루피)이 압권이다. 짐을 풀고 다시 가트로 나왔다. 아직 더위가 시작되지 않아서 날씨는 쾌적했고 하늘도 파랬다. 작년 2월에 왔을 때는 잿빛 하늘밖에 본 기억이 없는데 말이다. 삼삼오오 몰려다니는 관광객들의 웃음소리를 들으니 자연스레 기분도 좋아진다. 가장 놀라운 것은 작년에 끊임없이 나를 부르며 호객을 하던 호객꾼들이 보이지 않는다는 것이다.

'뭐야? 여기 작년에 왔던 그 바라나시 맞아? 이렇게 좋은 장소였어?'

릭샤왈라의 바가지와 호객꾼들 등쌀에 진이 빠졌던 작년에 비하면 놀라운 변화다. 들뜬 마음에 빤데이 가트를 벗어나 저 앞까지 걸어봤다. 아무도 나를 부르기는커녕 신경조차 쓰지 않는다.

벤치에 앉아 갠지스강을 바라보며 사색에 잠겼다. 작년에 그렇게 하고 싶었던, 호객꾼들 때문에 하지 못했던 것을 지금 하고 있다. 흐르는 강물, 그 안에서 목욕하는 힌두교 신자들. 변한 것은 없다. 이 강은 수 세기 전부터 흐르고 있고 힌두교 신자들은 수천 년 전부터 이곳에서 목욕을 하고 있으니. 그래, 바라나시는 변하지 않았다. 변한 것은 나 혼자다. 휴대폰 카메라를 켜 지금 내 모습을 봤다. 남인도 영화에나 나올 법한 선글라스에 금목걸이, 기름을 발라 넘긴 머리에 인도의 햇빛으로 까매진 얼굴, 짙은 콧수염에 꾸르따를 입고 있는 나. 호객꾼들이 말을 안 거는 이유가 있구나.

작년엔 바라나시에 아는 사람이 없었지만 인도에 살기 시작하며 이곳저곳에 친구들이 생겼다. 해가 창창한 가트에 혼자 앉아있긴 심심하니 바라나시 힌두 대학교에서 공부하는 친구 우즈왈라에게

인도는 그랬었지

전화를 걸었다. 바라나시에 도착했다고 알리니 30분 안에 만나러 온다는 그녀. 더럽게 느껴졌던 이곳의 좁은 골목길이 다시 보이기 시작했다.

그렇게 만난 우즈왈라 미스라. 비하르의 시골 마을 출신으로 바라나시에 홀로 공부하러 와서 2년째 살고 있단다. 가트 앞 벤치에 앉아서 방글라데시와 자르칸드를 여행한 얘길 들려주니 정말 흥미롭게 듣는다. 근처 한국 카페에 들어가 같이 라면을 먹으며 죽치고 앉아 있으니 세상이 즐겁다. 그래, 이게 바라나시의 진짜 매력이지. 작년에는 못 느꼈지만 이제라도 알았으니 다행이다.

✦ 바라나시의 한국인들

가트에서 우즈왈라와 함께 즐거운 오후를 보내고 저녁 늦게 숙소에 돌아왔다. 오전에는 텅텅 비어 있던 침대의 주인들도 찾아왔다. 숙소 구석에 처박혀 시장에서 사 온 청포도를 먹고 있으니 다른 한국인 여행자들이 말을 걸어온다. 어지간히 처량해 보였나 보다.

긴 머리에 안경을 쓴 남자, 키가 크고 잘생긴 형, 히피의 포스를 풍기는 금발의 여성분까지. 도미토리 바닥에서 조촐한 파티가 시작되었다. 다들 바라나시의 알 수 없는 매력에 빠져 몇 주 이상 머무는 여행자들이다. 작년에 이곳에서 호되게 당한 기억이 있는 나로서는 이해가 안 되면서도 그들이 멋있기도 했다. 각자 인도에서 겪은 경험을 얘기하다 보니 어느새 말을 놓게 되었다.

"여기 처음 도착했을 때 길거리에서 소똥을 보고 경악했지. 근데 이상하게 정이 든다니까."

"말도 마세요, 형님. 저는 작년에 왔다가 사기에 물갈이까지 당해서 3일 만에 도망갔어요. 그때 생각하면 아직도……. 어휴."

"여긴 일본 음식들이 한국보다 싸잖아. 여기 와서 매일 돈가스하고 가츠동 먹고 있어."

내일 밤 델리로 떠나는 나는 그들과 많은 시간을 보내지 못했다. 다음 날 저녁, 쿠미코 일행들과 식당에서 저녁을 먹던 중 또 다른 한국인 여행자들을 만났다. 내가 바라나시에 온 지 이틀 만에 델리로 떠난다고 하니 다들 이해할 수 없다는 표정이다.

"아니, 그 사기꾼 많고 볼 거 없는 델리가 뭐가 좋다고 이렇게 빨리 떠나요?"

그들에게 내 작년 경험을 얘기하면 이해할까? 인도만큼 호불호가 갈리는 나라도 드물고 인도 안에서도 도시별로 호불호가 심하게 갈린다. 한국에 인도는 거의 '힌두교+사원+갠지스강'으로 알려져 있으니 사람들이 상상하는 인도의 이미지에 가장 부합하는 도시가 바라나시인 건 의심의 여지가 없다. 지하철이 다니는 대도시 델리는 대부분의 여행자들이 인도에 와서까지 보고 싶어 하는 모습은 아닐 것이다.

문득 이들이 바라나시에 오래 있는 이유가 궁금했다. 내가 델리를 좋아하는 이유가 있듯이 이들도 바라나시에 발을 붙인 이유가 있을 것이다. 정말 다양한 답들이 나왔다.

"난 갠지스강을 바라보며 멍 때리는 게 좋아. 인도 분위기도 나고 말이지."

"여기선 싼값에 음악을 배울 수 있어서요. 한 달째 타블라를 배우고 있어요."

"난 단순해. 한식하고 일식이 한국보다 싸잖아. 매일 매일 새로운 식당 찾아내는 재미지."

"숙소가 싸고 한국 사람들이 많잖아. 매일 새로운 사람들을 만나는 게 좋아서!"

한국의 바쁜 일상을 탈출해 여행을 온 그들에게 릭샤 바가지와 소똥 따위는 중요하지 않다. 온종일 흐르는 강물을 바라보며 아무것도 안 할 자유, 사무적 관계에서 벗어나 여행자라는 평등한 관계에서 느끼는 안정감, 거기다 싸고 맛있는 음식까지. 여기 머무를 이유는 충분하지 않은가?

이런저런 대화 속에 밤은 깊어가고 기차가 떠날 시간이 다가왔다. 아쉬운 작별 인사를 한 후에 도착한 무갈사라이역. 그렇게 다시 델리로 가는 기차에 몸을 실었다. 12시가 넘은 시각, 눕자마자 잠이 쏟아진다.

구자라트, 원색의 땅을 걷다
- Ahmedabad, Bhuj

4월이 되었고 인도 땅은 달궈지기 시작했다. 그 뜨거운 인도에서도 가장 뜨겁다는 서쪽 지역 구자라트. 델리를 떠나 아흐메다바드[20]로 가는 기차 밖으로 펼쳐지는 풍경 또한 황량하기 짝이 없다. 모래 먼지들 사이에 쓸쓸하게 선 죽은 고목. 휴대폰 화면에 비친 바깥 온도는 이미 40도를 넘어섰다. 이런 온도에서 돌아다닐 수는 있을지 걱정이 되기 시작했다.

---

20)   Ahmedabad: 구자라트의 최대 도시.

예상은 정확했다. 역 밖으로 나오는데 누가 얼굴 앞에 온풍기를 튼 것 같다. 그늘도 없고 정확히 머리 위로 작열하는 43도의 태양! 몇 푼 아끼려고 에어컨이 없는 숙소를 잡았다가 잘 때 죽을 수도 있겠다는 생각이 들었다. 정전이라도 돼서 선풍기가 꺼지면 그날 잠은 다 잔 거다.

숙소만 빼면 아흐메다바드는 꽤나 매력적인 도시였다. 시내 중심부의 바자르(시장)에선 더위를 뚫는 삶의 열기가 느껴졌고 그 주변에 흩어진 유적지들은 걸어 다니는 재미를 더했다. 골목을 걷다 보면 갑자기 오래된 사원이나 모스크가 나왔는데 거기서 잠시 쉬어가곤 했다.

구자라트까지 온 목적이 아흐메다바드는 아니다. 파키스탄 국경에 위치한 소금 사막과 주나가르라는 도시의 유적지를 보는 게 목표였다. 인도에 온 지 10개월이 넘어 엔간한 관광지는 고만고만하게 보일 때라 뭄바이와 가깝고 이곳만의 독특한 문화를 가졌다는 구자라트를 다음 여행지로 선택하는 데 일말의 고민도 없었다. 아흐메다바드에서 소금 사막의 관문 도시 부즈(Bhuj)로 가는 버스 안에서 생각했다. 과연 이곳은 내 기대를 만족시킬 수 있을까?

그러나 그 기대는 이내 실망으로 바뀌었다. 원색은 고사하고 칙칙한 회색 건물들만 들어선 거리에 다른 도시와 똑같은 소음.

'그래, 인도가 다 그렇지 뭐. 다른 걸 기대한 내가 잘못이지……'

숙소에서 좀 쉬다가 이곳의 명소 프라그 마할을 보러 밖으로 나왔다. 그때만 해도 몰랐다. 이곳의 진짜 보석은 이 좁은 골목들 안에 숨어 있다는 것을.

번잡한 대로를 지나 골목길로 방향을 트니 거짓말처럼 분위기가 바뀐다. 조금 전까지 나를 괴롭히던 소음은 사라지고 화려한 창틀을 단 집들 사이를 걸으면 걸을수록 시간은 과거로 회귀한다. 그 끝에 웅장 하게 자리한 프라그 마할은 뭔가 달랐다. 중심부에 시계탑이 세워진 붉은 궁전. 북인도의 다른 유적지에서는 시계탑을 본 기억이 없다.

가장 맘에 드는 건 인파가 거의 없다는 것이다. 인도의 인파에 지 칠 때쯤 오랜만에 맛보는 조용함의 맛은 짜릿했다. 새파란 하늘 아 래 강렬한 붉은빛이 만들어낸 원색의 손짓. 그에 이끌려 궁전터를 정신없이 거닐다 뒤편에 도착하니 눈앞에 수많은 창문이 보였다.

200년 전, 저 창문 밖으로 보이는 부즈 시내는 어떤 모습이었을까? 창틀 뒤의 사람들은 무슨 생각을 하며 밖을 내다봤을까? 내가 서 있 는 이 자리를 200년 전 누군가가 내려다봤을 생각을 하니 등골이 서 늘해져 왔다. 보이지 않지만 느껴진다. 어떤 누군가의 시선들이.

입구 쪽으로 나왔다. 놀러 나온 가족들이 보일 뿐 깊은 정적에 싸 인 유적지. 아주 잠깐 동안 인도 전역에서 보이던 시끄러운 인파들 이 살짝 그리웠다.

인도는 그랬었지

어설픈 소금 사막
- Katch

소금 사막이라 하면 흔히들 볼리비아의 우유니를 떠올린다. 그러나 인도의 서쪽, 찢어지게 가난한 마을 너머에도 소금 사막이 있다면 믿을까?

'카츠의 란'이라고 불리는 이 지역은 과거 아라비해의 바닥이었다가 지반의 융기로 솟아나 형성되었다. 매년 10월부터 다음 해 2월까지 진행되는 축제 기간을 제외하면 바로 가는 교통수단도 없기 때문에 적당히 눈치껏 찾아가야 한다. 운이 좋아 인도인 관광객들의 차를 얻어타고 공짜로 도착했다는 사람들도 있지만 나에겐 그 운이 따르지 않았다.

해가 뜨기도 전에 사막과 가장 가까운 도시 비란디야라(Bhirandi-ara)로 가는 버스에 올랐다. 고장 난 창문은 닫히지도 않아 모래 먼지가 직통으로 들어오는 여행길. 그 밖으로 보이는 사막의 일출은 환상적이다 못해 장엄하다. 층층이 쌓인 구름들 사이로 비치는 햇빛에 물드는 대지. 무(無)에 가까울수록 자연은 그 원색을 드러내는구나.

버스는 몇 개의 마을을 지나 비란디야라에 멈췄다. 가난한 오지 마을 같지만 사람들의 옷차림은 매우 화려했다. 치렁치렁한 장신구를 달고 형형색색 사리로 멋을 낸 카츠 여인들. 그들은 척박한 환경에서 자신들의 전통과 미에 대한 욕구를 강렬한 색으로 승화했다.

문제는 소금 사막까지 도착하는 거다. 히치하이크를 할 만한 차는 보이지 않고 걸어갈 거리는 더욱 아니다. 울며 겨자 먹기로 마을을 돌며 현지인들을 실어 나르는 봉고차 기사와 협상을 했다. 기사는 무려 700루피라는 거금을 부른다! 내키지 않았지만 이것 외에는 방법이 없는 상황. 결국 100루피 깎은 600루피로 타협하고 그의 차에 올라탔다.

한 시간 남짓 달리자 노란빛의 모래들이 서서히 색을 잃어간다. 앞에 보이는 인도 군용차들과 높은 타워. 저 너머가 소금 사막이다. 인도 군인에게 여권을 보여준 뒤 짐 검사를 받고 소금 사막에 들어갔다. 그 모습은 과연 어떨지?

첫인상은 기대했던 만큼 대단하지 않았다. 발밑의 흰 모래들이 소금 사막이란 걸 말해줄 뿐, 아무것도 보이지 않는 쓸쓸한 허연 벌판이었다.

옆에 거대한 철조 전망대 위로 올라가니 차츰 그 규모가 느껴진다. 인도 여행객들을 태운 마차 바퀴 소리만 들릴 뿐 적막에 싸인

인도는 그랬었지

사방. 앞, 뒤, 양옆을 돌아봐도 보이는 건 같다. 저 멀리 하늘과 만나는 하얀 벌판의 끝. 저 너머엔 뭐가 있을까 궁금했다.

전망대에서 내려와 그쪽으로 걷기 시작했다. 타고 갈 마차도 없고, 말 걸 사람도 보이지 않는 사막을 혼자 터벅터벅 걸었다. 전망대에서 멀어질수록 모래는 햇빛에 반짝반짝 빛나고 타는 듯한 더위가 느껴진다. 문득 '이게 진짜 소금이 맞는가?' 하는 의구심이 들어 모래 한 줌을 혀에 갖다 댔다.

짜다. 전혀 낯설지 않은 맛. 진짜 소금 사막이 맞다.

그렇게 한참을 더 걷다가 멈췄다. 전망대가 높아서 길을 잃을 위험은 없지만 더 가도 똑같은 풍경일 것이다. 걸음을 멈춘 자리에 서서 보이지 않는 끝을 바라봤다. 황량한, 그저 두 가지의 색이 존재하는 이곳. 갑자기 모든 것이 멈춘 듯 파도 같은 고요가 몰려왔다.

이런 고요함을 느끼는 것도 잠시, 밖에서 기다리는 기사와 타는 듯한 더위에 나는 다시 전망대 쪽으로 걷기 시작했다. 다 온 듯하면서 가까워지지 않는 전망대에 도착하기까지 30분 이상이 걸렸다. 혼자 갔기 때문에 지평선을 배경으로 멋진 인증 샷 하나도 남기지 못했다.

비가 내리면 고인 물 표면에 하늘이 반사되는 우유니, 그에 비해 카츠의 소금 사막은 교통편도 좋지 않고 거울 같은 풍경을 볼 수 있는 곳은 더더욱 아니다. 내 기대와는 달리 뭔가 어설펐던 그곳. 그래도 마른 땅 위에 끝없이 소금이 흩뿌려진 풍경과 그런 고요를 어디서 또 느낄 수 있겠나?

인도는 그랬었지

잘 찾아왔다, 주나가르
- Junagarh

델리에 있을 때, 인도의 모든 관광지가 고만고만하게 보이던 때라 구글로 새로운 관광지를 물색했다. 라자스탄처럼 관광객들로 붐비지 않으면서 뭔가 새로운 곳이 있을까?

그때 우연히 보게 된 사진. 해가 지는 하늘을 배경으로 화려한 자태를 드러낸 한 무덤. 그 화려함에 한동안 눈을 떼지 못했고 그곳의 이름은 머릿속에 각인되었다. 오래된 성이라는 뜻의 주나가르. 지금 거기로 간다.

밤에 부즈 시내를 떠난 버스는 새벽에 나를 주나가르 한복판에 내려주었다. 모기가 들끓는 의자에 앉아 해가 뜨기만을 기다렸다. 기약 없는 기다림의 연속인 인도, 해가 뜨고서 찾아간 숙소는 방이 없다며 매몰차게 거절한다. 결국 시내 중심부를 한 시간 정도 돌아다닌 끝에 편안한 방을 구했고 짐을 풀자마자 곯아떨어졌다.

그날 오후에 카메라를 들고 시내를 구경하러 나왔다. 도로 위로 이따금 차들만 달릴 뿐 행인들이 보이지 않는다. 더위에 다들 자취를 감춘 것인가? 이상하다고 생각하며 걷기를 몇 분, 웅장한 시계탑이 모습을 드러냈고 안으로 들어가니 지금까지와는 전혀 다른 풍경이 펼쳐졌다.

2,000년 전, 마우리아 시대의 성곽이 조성된 야트막한 언덕이 보인

다. 그 밑에서 번성했던 이슬람 왕국 주나가르. 화려했던 시대는 역사 너머로 사라졌지만 과거의 영광은 아직도 빛바랜 채 남아 있다. 멀지 않은 곳에 위치한 이곳의 걸작 '마하바뜨 마끄바라'에 도착했다.

그 자태는 사진으로 보던 것보다 훨씬 대단했다. 표면이 빈틈없이 장식된 나왑의 두 무덤은 과거의 영광을 잊기 아쉬운 듯 떳떳하게 서 있다. 한때 번성했던 시절의 모습은 어땠을지 상상해봤지만 쉽게 떠오르지 않는다. 의외로 지금과 다르지 않았을 수도?

무덤 주위를 둘러싼 네 개의 미나르도 아직 건재했다. 닫혀 있지 않아서 계단을 타고 꼭대기까지 올라가 봤다. 촘촘히 보이는 장식들, 그 너머로 뻗은 조용한 길. 지금껏 거쳐 왔던 구자라트의 도시들처럼 평화로웠다. 여름의 열기가 사람들을 집 안에 가둬 두었나 보다.

다시 어딘가를 향해 정처 없이 걷다 보니 더 오래된 골목으로 들어왔다. 경적 소리가 없으니 신기할 노릇이다. 그렇게 사람이 사라

인도는 그랬었지

진 거리를 걸으며 예전의 기억 속으로 돌아갔다. 깊은 골목으로 갈수록 절정에 다다른 감정은 파도처럼 요동쳤다. 그렇게 발걸음은 더 멀리, 더 과거를 향해 나아가고 있었다.

중간에 멈춰 망고 세이크를 사 마셨다. 주인은 내 앞에서 노랗게 익은 망고를 얼음에 갈아 내어주는데 그 맛이 기가 막혔다. 정신이 번쩍 드는 시원함과 단맛에 잠깐 동안 다시 현실 세계로 돌아왔다.

하염없이 떠돈 지 몇 시간째, 언덕 위로 흐릿하게 보였던 마우리아 성이 가까워졌다. 이 오래된 도시에서 가장 오래된 성채. 과거의 기억을 좇다 멈춘 곳이 여기인 건 그냥 우연일까?

해가 떨어지고 있어서 마우리아 성 구경은 내일로 미루고 언덕을 따라 내려왔다. 지금까지 사라졌던 사람들이 다 여기 있었구나. 경적 소리와 상인들의 고함으로 북적이는 도로를 타니 흥이 났다. 그래 이 혼잡함, 이게 바로 인도지!

밑으로 내려온 나는 북적이는 시장통에서 기름진 사모사와 막 구운 따끈한 케밥으로 배를 채웠다. 가격은 말도 안 되게 쌌고 사람들도 친절했다. 그들의 미소를 보니 같이 웃음이 나온다. 흠잡을 것 없는 주나가르의 시간이었다.

술 찾아 떠난, 술 없는 디우
- Diu

디우에 대한 기대는 상당했다. 아흐메다바드에서 시작해 부즈-소금 사막-주나가르까지 흠잡을 것 없는 여정이었지만, 하나가 빠져 있었다. 바로 술. 구자라트는 금주법을 실행하는 인도의 몇 안 되는 주인데 40도를 넘나드는 더위에서 2주 이상을 돌아다니니 시원한 맥주가 엄청 당겼다. 가이드북에 따르면 구자라트주에 속하지 않아 술이 넘쳐나고, 심지어 가격도 싸고, 해산물이 풍부한 디우라는 곳이 기대가 되는 건 당연지사. 그동안 못 마신 알코올의 한을 거기서 다 풀어야겠다.

버스를 세 번이나 갈아타고 고골라라는 곳에 도착했다. 여기서 디우는 다리 하나로 연결되어 있는데 건너는 동안 비릿한 바다 냄새가 코를 스쳤다. 넉 달 만에 맡아보는 냄새……. 인도에서의 날들이 얼마 남지 않았다는 사실이 떠올랐다.

릭샤에서 내려 숙소가 밀집되어 있는 곳으로 걸어갔다. 나른한 어촌 분위기의 거리가 이어졌고 오래된 성곽을 통과하니 중심지가 나왔다. 몇 군데 발품을 팔아 방이 가장 넓은 호텔을 잡았다. 에어컨이 없는 방이었지만 가격이 쌌고 서글서글한 주인장의 태도가 매우 맘에 들었다.

짐을 풀자마자 술을 사러 밖으로 나왔다. 그런데 술은커녕 문을 연 가게도 아주 드문드문 보이는 상황. 알코올에 굶주린 나는 주변을 30분 이상 돌아다녔지만 아무 소득 없이 돌아와야 했고, 호텔 매니저에게 청천벽력 같은 소식을 듣는다.

"며칠 전 정부가 길거리 옆 50m 내의 알코올 판매를 금지하는 명령을 내렸고 지금은 부활절 기간이라 구할 수 없을 겁니다."

하늘이 무너지는 것 같았다. 술에 대한 일념 하나로 버스를 세 번 갈아타고 온 곳이다. 그런데 술이 없다니, 이미 이틀 치 방값을 지불해서 뭄바이로 갈 수도 없고……

평정심을 잃은 나는 죄 없는 매니저를 붙잡고 한풀이를 하기 시작했다.

"이게 인도 정부의 문제지요. 종교나 카스트 갈등 같은 진짜 문제는 덮어두고 술 판매만 금지하면 되는 줄 압니다. 작년 화폐개혁 때도 그렇고……. 도대체 이해할 수 없어요."

매니저는 그런 내가 안쓰럽게 보였는지 냉장고에 보관해 뒀다는 맥주와 보드카를 내왔고 거기서 난 녹아버렸다. 혼자 방 안에서 거하게 마시다 정신을 차렸을 때는 깜깜한 새벽. 머리가 아플 법도 한데 의외로 쌩쌩해서 놀랐고 깨끗이 비워진 맥주와 보드카 병을 보고 두 번 놀랐다. 마지막 잔이 언제 끝났는지도 모르게 잠들다니.

젠장. 디우에서 마신 첫 술인데 너무 폼 없이 마셨다. 안주로 해산물이라도 좀 사 올걸.

인도는 그랬었지

✦ 잠든 도시

어찌어찌 다시 잠이 들었고 아침에 일어나 발코니에서 시내를 내려다봤다. 구름 한 점 없는 파란 하늘에 작은 집들이 아기자기하게 들어선 디우 시내. 여행 초기였으면 신기해하며 사진을 열 장 정도 찍었을 풍경이지만 떠날 때가 가까워서인지, 성에 차지 않는다. 매니저와 인사를 하고 포르투갈이 지었다는 성당들을 보기 위해 밖으로 나왔다.

알록달록한 집들이 정갈하게 늘어선 디우의 거리는 깨끗했지만 활기가 없었다. 이번 구자라트 여행에서 놀랐던 점은 신기하리만치 사람이 없다는 것인데 디우는 더 심했다. 내 그림자 말고 움직이는 게 하나도 없는 거리는 강한 이질감을 풍겼다.

대체 그 많은 인도의 사람들은 다 어디로 사라졌나? 날씨라도 좋았기에 망정이지, 하늘이 흐렸으면 흡사 폐허가 된 도시를 걷는 기분이었으리라.

그런 거리를 10분 정도 걸으니 성 토마스 성당이 보인다. 1598년에 건축되어 아직도 건재한 성당. 들어가 보려 했으나 대문엔 자물쇠가 굳게 걸려 있다. 그리고 밀려오는 허탈감.

성당 앞 계단에 퍼질러 앉아 숨을 돌리니 바다 냄새가 스친다. 나른한 분위기에 눈이 감기며 지금까지의 여정이 필름처럼 떠올랐다. 뭄바이에서 콜카타로 가던 기차, 거기서 버스를 타고 넘은 방글라데시 국경. 그 뒤로 이어지는 자르칸드-손바드라-바라나시-델리-네팔로의 여정들. 방글라데시의 강에서 보트를 타고 있을 때 학교에선 시험이 치러졌는데 인도답게 그 날짜를 4일 전에 알려줬단다. 이젠 한국으로 돌아가는 것밖에 방법이 없는 상황. 그런데 시험 날짜를 더 일찍 알았더라면 나는 지금 뿌네에 있을까? 거기의 삶에 만족했을까? 델리처럼 클럽이 발달한 것도 아니고, 뭄바이처럼 사람들이 개방적이지도 않고 콜카타처럼 음식이 맛있지도 않은 뿌네.

이런 생각을 하며 내 선택을 합리화해도 마음이 편하지는 않았다. 일단 한국에 가서 뭘 해야 할지를 모르는데……

머리가 복잡해져 다시 눈을 떴다. 내 심정과는 달리 주위는 너무나 평화롭다. 싸아아~ 싸아아~ 울리는 바람 소리. 모든 게 완벽한 시간. 그런데 뭐 때문에 성에 안 차는 거지?

쓸쓸한 마음으로 언덕을 내려오니 배가 고파왔고 중심지까지 나가서야 문을 연 식당 하나를 찾았다. 색다른 해산물을 기대했으나 메뉴 중 해산물이라곤 달랑 새우 커리 하나. 뭄바이에서도 충분히 맛볼 수 있는 음식이다.

식당에서 숙소로 돌아가는 길에 또다시 그 적막함과 마주했다. 술값이 싸고, 해산물이 넘쳐난다는 여행자의 천국 디우. 그러나 4월

인도는 그랬었지

여름의 디우는 섬 전체가 잠이 든 듯 조용했다.

그런 깊은 잠에 빠진 디우가 깨어나는 시간은 저녁이다. 호텔에서 낮잠을 자고 해가 떨어질 때쯤 성채를 보러 나왔다. 더위가 한풀 꺾여 걸을 만했고 무엇보다 반가운 사람들이 보인다. 거의 이틀 만에 듣는 웃음 섞인 대화 소리는 그 어떤 노래보다 좋았다.

바닷바람을 맞으며 디우 성에 도착했고 사탕수수즙으로 목을 축였다. 인도의 더위는 참기 힘들지만 이맘때쯤 길거리엔 다양한 마실 것들이 쏟아져 나온다. 엄청난 당도의 즙을 마시고 성채 안으로 들어가니 가장 먼저 보이는 건 감옥 건물. 인도 정부가 성 일부를 감옥으로 쓰고 있다는데 그래도 그렇지, 이런 관광지 한복판에? 신기한 공존이다.

감옥에서 시선을 돌리니 눈앞을 가로막는 웅장한 벽. 그 위에는 포르투갈식 문양이 새겨져 있는데 작년에 알리바그에서 본 기억이 있다. 그들은 떠났다. 하지만 그들의 성들은 인도의 해상무역 주도권을 쥐겠다는 의지를 반영이라도 하듯 인도 곳곳에 건재하게 남아 있다.

성벽 너머로는 드넓은 아라비아해가 쫙 펼쳐진다. 할 일을 잃고 쓸쓸히 바다를 조준하며 서 있는 대포에 손을 대 보니 묵직함이 느껴진다. 침입자로부터 성을 지켜야 하는 책임 위에 쌓인 세월의 무게, 지금은 관광객들의 사진 거리로 전락한 검은 대포들. 그 세월과 무게는 저 깊은 바다 너머로 쓸려 사라졌으리라.

서서히 사방이 붉은빛으로 물들었다. 내일이면 모든 여정이 끝난다는 게 믿기지 않는다.

시간아, 어디 갔니? 저 바다 너머로 사라져 버렸니?

인도는 그랬었지

고난의 행군

800㎞가 넘는, 40도의 태양이 내리쬐는, 그중 반 이상이 사막인 길을 버스로 달릴 마음이 있는지? 그렇다면 꼭 에어컨 버스를 타길 바란다.

여정의 막바지, 한두 푼이 아쉬운 지금 에어컨 버스보다 200루피 싼 일반 버스를 예약한 것은 어쩔 수 없는 선택이다. 인도에서 200루피면 두 끼 이상을 먹을 수 있는 돈이니까. 그 대가로 장장 열 시간을 찜통 같은 좌석에서 신음했다. 닫히지 않는 창문에서 모래바람은 끊임없이 들어오고 땅 위로 피어오르는 아지랑이에 내 몸도 흐물흐물 승천하는 것 같다.

다음 날 아침 버스는 뭄바이 시내에 도착했고 오랜만에 보는 마천루들은 아주 낯설다. 뭄바이에 사는 모든 친구들에게 연락을 돌리니 실감이 났다. 떠날 때가 다가왔구나.

그렇게 뭄바이의 마지막을 보내던 중 디야에게 연락이 왔다. 퍼거슨 콜리지에서 같이 공부한 친구인데 고향이 뭄바이라는 사실이 뒤늦게 떠올랐다.

"준학, 너 지금 뭄바이에 있지? 다음 목적지로 가기 전 우리 집에서 하루 정도 묵고 갈래?"

내 생각을 꿰뚫어 보기라도 한 듯 디야는 지금 내가 정확히 필요한 제안을 했다. "아싸!"를 외치며 묵고 있는 숙소에서 체크아웃할 때 문제가 발생했다.

"하루 요금이 300루피, 3박 4일을 묵었으니 1,200루피를 내야 합니다."

"무슨 소리예요? 작년에도 와서 묵었는데 하룻밤을 기준으로 계산하는 거지. 900루피가 정확한 계산 아니오?"

"아무튼 1,200루피가 맞습니다. 빨리 돈 내세요."

체크인을 일찍 한 것도 아니고, 늦게 나가는 것도 아닌데, 심지어 여긴 내가 작년에도 와서 머물렀던 곳인데 이렇게 뒤통수를 쳐?

언성이 높아졌고 다른 인도인 숙박객들도 달려왔다. 호텔 스태프의 어이없는 계산을 들은 모든 숙박객은 하나같이 내 편을 들었다.

"1박 2일 요금이 300루피면 이 친구도 900루피를 내는 게 맞지. 그럼 어제 들어와 오늘 나가는 손님한테 600루피를 받을 거요?"

인도 아저씨의 말에 스태프는 꼬리를 내렸고 900루피만 달라고 했다. 계산을 마치고 나오며 똥 밟은 듯한 느낌을 지울 수 없었다. 작년에도 묵었고 요금 정책은 내가 알고 있는 게 맞다. 아까 그 스태프는 나랑 재밌게 얘기도 했던 사람인데 이런 모습을 보니 정이 뚝 떨어졌다. 경적 빵빵거리는 소리, 더러운 길거리, 타는 듯한 더위……. 모든 게 짜증 난다. 빨리 여길 뜨고 싶은 마음뿐.

디야의 집은 뭄바이 중심부에서 꽤 떨어진 판벨(Panvel)이란 곳이다. 로컬 트레인을 세 번 갈아타야 도착하는 곳. 타네역에 도착해 다음 열차를 기다린다. 미어터지는 역사, 습도에 땀을 줄줄 흘리며 기다리길 10분, 20분, 30분, 40분……. 이상하다? 로컬 트레인이 15분 이상 늦는 경우가 없는데?

갑자기 사람들이 일제히 일어나 밖으로 우르르 몰려간다. 그때

어디선가 들리는 말,

"판벨로 가는 로컬 트레인 취소됐대."

어이가 하늘로 승천하겠다. 취소가 됐으면 빨리빨리 알려주든가, 그걸 50분이 넘어서야 알리는 인도의 시스템에 화가 머리끝까지 났다. 인파에 끼어 밖으로 나가 릭샤왈라랑 얘기해 봤지만 상황을 아는 그들은 800루피라는 터무니없는 요금을 부른다. 그 정도면 여기서 델리로 가는 기차표도 구할 수 있겠다.

결국 사람들에게 물어봐 여기서 '투르베'라는 곳까지 가면 로컬 트레인이 운행한다는 사실을 알아냈다. 가는 방법은? 지금 막 출발하려는 눈앞의 낡은 버스를 타면 된다.

버스 문이 열렸고 같은 처지의 사람들이 좀비처럼 올라탔다. 하늘이 도운 걸까? 기적적으로 빈자리에 앉았지만 내 상태는 말이 아니다. 온몸에 힘이 없고 세상이 도는 것 같다. 오죽하면 옆에 앉은 사람이 걱정스러운 눈빛으로 괜찮냐고 물어봤을까?

사람을 꽉꽉 채운 버스가 출발했다. 습도도 습도지만 인파들이 내뿜는 열기에 죽을 지경이다. 흐려지는 의식을 간신히 붙잡고 버티길 한 시간, 드디어 투르베에 도착했고 옆에 로컬 트레인 역이 보인다. 여기서 디야가 알려준 역까지 다섯 정거장. 다행히 이번 열차는 제시간에 도착해 나를 무사히 목적지에 내려주었다. 땀에 전 채 플랫폼에 앉아 디야가 도착하기만을 기다린다. 제발, 빨리 좀 와줘.

디야가 왔고 우리는 역 밖으로 나왔다. 걸어가던 중 앞에 릭샤왈라들이 나를 보고 '칭챙총'거리며 비웃는다. 평소엔 무시했지만, 더위로 정신이 반쯤 나간 상태에서 들으니 꼭지가 돌아갔다.

"너 지금 뭐라고 했냐?"

"왜? 내가 뭘 말하든 네가 뭔데? 그리고 내가 너한테 말했냐?"

가뜩이나 열 받아 죽겠는데 이딴 말을 지껄여? 여차하면 한판 할 기세로 몰아붙이니 디야가 와서 간신히 떼어놓았다. 스쿠터 뒤에 나를 태우고 조금 참으라는 말만 반복하는 디야.

어이가 없다. 동양인을 보면 헛소리하는 게 당연하고 왜 우리만 참아야 하는가? 지금까지 당한 일들이 전부 생각나 분노가 파도처럼 밀려왔다. 이글거리는 태양에 내 머리와 정신도 같이 타는 것 같다.

우여곡절 끝에 디야의 아파트에 도착했다. 땀에 전 몸을 씻는 게 급선무라 어머니께 양해를 구하고 화장실에 들어갔다. 한껏 기대에 부풀어 수도꼭지를 돌렸지만 나오지 않는 물. 아, 이게 아닌데?

"화장실 물이 안 나오는데요?"

"아이고, 또 단수네. 여름이면 항상 이 시간쯤 물이 안 나온다 니까."

미쳤다. 이 나라는 미쳤다. 한여름에 물이 제일 필요한 시간대에 단수가 되는 대단함에 얼마 남지 않은 정까지 다 떨어진다. '인도니까 이해해~' 따위의 여유는 잊은 지 오래. 짧은 여행에서야 참을 수 있어도 이걸 일 년째 겪으면 해탈을 하든, 머리 뚜껑이 열리든 둘 중 하나라던데 난 후자인 것 같다.

기진맥진한 상태로 나와 쓰러진 듯 잠이 들었다. 저녁에 일어나 디야와 동생 스레야와 함께 밤거리를 산책하며 떠나온 학교에 대해 많은 이야기를 했다.

"1월에 네가 방글라데시에 있었을 때 갑자기 시험을 봤어. 그걸 4일 전에 알려줬고, 준비하느라 죽는 줄 알았지."

"그럼 더 머물 수도 없겠네. 내일 뿌네에 가서 짐만 가지고 다시 델리로 가려고."

"야, 한국 가서 혹시 엑소 콘서트 가게 되면 꼭 사인 좀 받아라."

처음 입학했을 때, 동양인만 보면 중국과 일본을 벗어나지 않는 다른 인도인과 달리 디야는 내가 한국 사람인 걸 바로 알아봤다. 엑소를 좋아해 항상 '한국, 한국' 노래를 부르는 이 친구. 까짓것 데려가고 싶지만 그게 말처럼 쉬운가? 대졸 구직자의 첫 월급이 평균 2만 루피(34만 원)인 인도이다.

안녕, 인도

다음 날 디야네 가족과 작별 인사를 하고 뿌네로 가는 버스에 올랐다. 험한 산길을 타고 달린 지 3시간 만에 FC 로드에 도착했다. 학교에 갈 때 항상 거쳤던 길이다. 여러 상점이 들어선 거리는 전처럼 활기차고 젊음의 기운이 느껴진다. 한때 수업이 끝나고 친구들과 함께 이 거리를 걱정 없이 걷던 때도 있었지. 지금은? 집도 없고 삼일 안에 짐 챙겨 떠나야 하는 객일 뿐이다.

딱히 정이 붙지는 않았지만 마지막이라 생각하니 조금 씁쓸했다. 아무리 생각해도 이번에 떠나면 다시 안 올 것 같은 도시. 학교 밖에서 만난, 그동안 가장 친하게 지낸 미스라를 불러 카락와슬라 댐으로 향했다. 시내에서 좀 떨어진, 신입생 때 반 친구들이랑 놀러 갔던 곳이다. 일 년이 지나고 다시 그 자리에 앉아 철썩대는 물을 바라보니 만감이 교차한다.

작년 6월, 입학증을 받았을 때는 세상을 다 가진 것 같았다. 학생들은 외국인인 나만 보면 번호를 물어봤고 쉬는 시간마다 이어지는 캔틴, 카페, 피자집 투어에 모든 것이 좋게 보이던 때였다. 하지만 진짜 친구인 것과 그냥 같이 다니며 밥 먹는 것에는 엄청난 차이가 존재한다. 정말 도움이 필요할 때 온 애들이 몇 명이나 되나? 채팅으로 잘만 얘기하더니 정작 전화하면 "누구세요?"라고 물어보는 애

인도는 그랬었지

들. 학교 밖에서 만나 항상 내 옆에 있었고, 어디를 가자고 하면 한 번도 거절하지 않은, 나를 '외국인'이 아닌 진정한 친구로 대해준 미스라. 떠나기 전에 이렇게 만나서 다행이다. 안 그랬으면 마음에 돌을 얹고 떠나는 기분이었을 테니.

어느덧 뿌네를 버릴 날이 하루밖에 남지 않았고 미스라를 통해 알게 된 친구 야샤스리와 함께 마지막을 보내기로 했다. 그러기엔 클럽이 제격인데 델리도, 뭄바이도 아닌 뿌네에서 모두가 함께 춤추는 클럽을 찾기는 쉬운 일이 아니다. 결국 우리는 뿌네의 강남 격인 '코레가온 파크'로 가서 가장 화려한 호텔에 돌진(?)해 보자는 결론을 내리고 출발했다.

엄청난 교통을 뚫고 코레가온에 진입하니 확실히 분위기가 달라진다. 화려한 고층 건물이 보이고 몸에 착 붙는 미니스커트를 입고 다니는 여인들은 우리가 제대로 된 장소에 도착했다고 말해주고 있다. 화려한 호텔 건물에 들어가 옥상에 루프탑 바가 있다는 직원의 안내에 따라 올라갔다. 기대했던 춤은 없지만 밑으로 파노라마처럼 펼쳐지는 야경이 모든 아쉬움을 달래 주었다.

우리는 자리에 앉아 킹피셔 맥주와 탄두리 치킨, 여러 가지 칵테일을 주문했다. 맥주나 위스키는 숱하게 마셨지만 처음 맛보는 칵테일. 나와 야샤스리는 서로의 칵테일을 뺏어 먹으며 맛을 즐겼고 맥주를 섞어 마시는 호기도 부렸다. 잔잔히 흐르는 음악에 취기가 차오른다. 방금까지 선명했던 빌딩들이 별처럼 흐릿하게 보인다.

이 분위기를 깨는 야샤스리의 질문, "야, 넌 여기서 뭘 배웠냐?"

"아……. 여기 와서 뭘 배웠지? 힌디어, 벵골어, 사람 쉽게 믿지 말자, 스쿠터 운전?"

생각해 보니 웃기다. 다른 한국 학생들은 인도에서 영어나 경제학을 배워 갈 때 한 게 이건가? 이제 한국에 가서 뭐하지?

에라, 모르겠다. 여기 온 것도 내가 원해서 온 거고 떠나는 것도 내가 원해서 가는 건데. 지금은 칵테일이나 마시자.

그렇게 비자 만료 10일을 남기고 인도를 떠났다. 훨씬 더 깨끗하고, 안전한 한국으로 가는 비행기에 몸을 실었을 때 안도의 숨을 내쉬었다.

좋은 꼴, 나쁜 꼴 다 겪고 떠나는 인도. 이젠 한국 생활에 집중해야겠다(사실, 인도에 있을 때 종종 한국에 가면 뭐든 할 수 있을 것 같은 생각이 들었다).

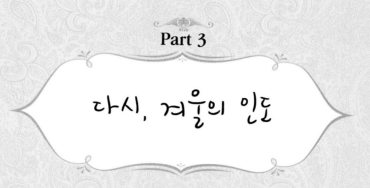

Part 3

다시, 겨울의 인도

그래도 나는 그곳이 그리웠다

　바쁘게 돌아가는 한국의 일상에서 인도는 놀랄 만큼 빨리 잊혔다. 아르바이트로 돈도 모았겠다, 캄보디아, 태국, 스리랑카, 말레이시아를 다녀왔다. 온갖 국적의 외국인이 모여 술을 퍼마시는 동남아의 거리는 즐겁다. 그러나 말을 거는 현지인은 없었고 약간의 긴장감도 느껴지지 않았다. 인도와는 비교할 수 없을 정도로 편하지만 살짝 아쉬웠다.

　내 기억 속에 인도가 다시 천천히 맴돌기 시작했다. 스리랑카의 한 해변에 머물 때였다. 백색 모래사장에 펼쳐진 푸른 바다는 완벽히 깨끗했고 여행객들도 거의 없었다. 매일 새벽 모래사장에 드러누워 별을 보던 날들. 까만 하늘 아래 누우면 수많은 생각이 떠올랐다. 잊고 싶었던 인도의 혼잡한 길거리가 계속 머릿속을 채웠다. 경적 소리, 혼잡한 길에 케밥을 굽는 냄새……

　'이런 멋진 풍경을 두고 인도나 생각하고 있다니, 빨리 잊고 별이나 계속 즐기자!'

　몇 달의 방랑을 끝내고 돌아오니 더는 할 게 없다. 생각해보니 그동안 여행에 빠져 진로에 대해 진지하게 고민한 적이 없다. 인도에서 살겠다는 생각만으로 결심한 유학은 자금난과 여러 가지 이유들이 겹쳐 보기 좋게 포기했다.

　사실 무례한 사람들, 시스템의 부재, 더러운 길거리 같은 문제들은 여행에서도 겪을 수 있다. 그러나 여행은 언젠간 끝나지만 살기 시작하면 그런 문제와 끊임없이 마주해야 한다. 그걸 고려하지 않고 떠났으니 중간에 인도가 질리는 것은 당연한 결과였다. 심심하면 길에서 들려오는 '칭챙총'에 화났고, 하루에도 몇 번씩 끊기는 물과 전기에 질렸다. 폭동은 심심하면 일어났다. 귀국 일주일 전, 새로 개봉한 영화를 두고 델리에서 폭동이 일어나 삼엄한 경보가 발령된 적이 있다. 길을 막고 차를 태우는 폭도들의 모습이 늘 티브이에 보도되었고 음식을 사러 나가기도 무서웠다.

그에 비해 한국은 참 안전하다. 폭동 걱정 따위는 안 해도 되고 거리는 정돈되어 있다. 따가운 시선도 없고 귀찮게 구는 호객꾼도 없다. 그런데, 그런데!

그런데 왜 그 길거리가 자꾸 생각나지?

왜 거기서 먹던 케밥의 냄새가 떠나지 않지?

왜 못 가 본 장소들이 아쉽지?

꾹꾹 눌러 잊어보려고 해도 인도는 두더지처럼 기억 속에서 튀어나왔다.

그로부터 5개월이 지난 2018년 1월, 바람이 유독 차가웠던 날이다. 나는 티켓을 든 채 인천공항에 앉아 있다.

쿠알라룸푸르 국제공항. 인도와 가까운 덕분인지 반갑게 생긴 사람들이 보인다. 그들의 언어도 낯설지 않다. 앞에 앉은 세 명의 남자에게 말을 걸었다.

"까항 자 라헤 호(어디로 갑니까)?"

"꼴까따 쎼 호께 비하르 자엥게(콜카타를 거쳐 비하르로 갑니다)."

오랜만에 힌디어를 쓰며 가슴 깊은 곳에서 무언가 느껴진다. 2016년 2월 10일, 첫 비행 전에 느꼈던 감정이다.

콜카타 공항에 내리자마자 숨을 깊게 들이마셨다. 약간 텁텁한, 타는 냄새가 코를 타고 들어왔다.

'인도 냄새……. 반갑다!'

즐길 줄 아는 사람들
- Kolkata

넓고 쾌적한 공원들. 내가 콜카타를 좋아하는 또 다른 이유다.

이곳 사람들은 대화를 참 좋아한다. 콜카타 사람들은 스스로를 '앗다바즈'라고 부른다. 벵골어로 '대화광'이라는 뜻이다. 또한 'City of joy'라는 별명답게 콜카타 사람들은 노는 것을 매우 좋아한다. 대화와 즐거움 모두를 해결할 수 있는 큰 잔디밭이나 공원이 콜카타에는 널렸다.

2018년에 다시 콜카타를 찾았을 때 친구 크리티카는 나를 이코 공원에 데려갔다. 선선히 부는 바람에 기분이 좋은 날이었다. 공원에 들어가자 드넓은 호수와 잔디밭이 눈에 들어왔다.

아이들을 위해 만들어 놓은 에펠탑과 타지마할 모형이 눈에 띄었다. 실제와 비교해서 너무 작았지만 호기심 많은 아이들에게 충분한 즐거움을 주고 있었다.

나와 크리티카는 공원을 둥글게 둥글게 산책했다. 주위엔 웃음소리가 들렸으며 사람들의 표정엔 여유가 넘쳤다. 그래, 이런 분위기가 사람들한테 편함과 즐거움을 준다. 우리의 입꼬리도 덩달아 올라갔다.

"오늘 날씨 진짜 좋네!"

"그러게, 덥지도 않고 바람도 시원하게 불고."

공원은 한 시간을 걸어도 끝나지 않을 만큼 넓었다. 우리는 적당한 잔디밭에 자리를 잡고 앉아 얘기를 나누었다. 옆에서 세 명의 젊은 여자들이 깔깔대며 테니스를 치고 있다. 뭐가 그렇게 좋은지 그녀들의 웃음소리를 들으니 기분이 날아갈 것 같다.

잔디밭 위로 깍지를 끼고 누웠다. 파란 하늘에 흘러가는 구름, 지금을 즐기는 콜카타 사람들의 웃음소리가 모여 완벽한 분위기를 연출했다. 크리티카는 하얀 손으로 바람에 휘날리는 머릿결을 부여잡는다. 이대로 시간이 멈춰 주었으면…….

그날 공원에서 스친 이름 모르는 이들의 웃음소리는 인도에 대한 초심을 회복하는 데 큰 도움을 주었다.

고마워요. 인생을 즐길 줄 아는 콜카타 사람들이여!

인도는 그랬었지

3

짜이 한 잔
- Murshidabad

날이 추워질 때면 무르시다바드의 골목길에서 아침저녁으로 마시던 짜이가 생각난다.

인도가 이렇게 추울 수 있는지 전혀 예상하지 못했다. 혼잡한 베르함포르 시내에서 무르시다바드로 가는 길옆엔 후글리강이 흐른다. 하얀 물안개가 낀 길을 달리며 이가 덜덜덜 떨리는 건 이번이 처음이다.

무르시다바드의 상징인 하자르두리 궁전 앞에 내리니 사미르가 마중을 나와 있다. 항상 그래왔듯 친구의 소개로 알게 된, 이곳에서 작은 호텔을 운영하는 사미르. 새로운 장소에 간다고 하면 인도인들은 꼭 그곳에 사는 친구를 소개해 준다. 그렇게 새로운 인연이 생기고 그를 통해 또 새로운 인연을 알게 되는 고리의 연속이다.

늦은 밤, 친구들을 모은 사미르는 나를 밖으로 불렀다. 거리는 까만 어둠에 잠들어 있고 우리의 대화 소리가 적막을 깬다. 처음 만난 청년들이지만 오래 알고 지낸 것처럼 친근하다. 호탕한 그들은 나를 강가 앞으로 데려가 짜이 한 잔을 대접했다.

"아마데르 무르시다바데 샤가땀(우리 무르시다바드에 온 것을 환영하오)."

건장한 현지 청년들의 따뜻한 환대, 강가에 서서 뼈를 에는 찬바람 속에 마시는 뜨거운 짜이 한 잔. 그 맛을 표현할 수 있는 단어가 있는가?

둘째 날.

호텔 바로 뒤에 모스크가 있는데 새벽 다섯 시 반만 되면 칼같이 아잔을 울린다. 덕분에 평소보다 더 빨리 일어나게 되었다. 부스스한 눈을 비비며 담요를 뒤집어쓰고 옥상에 올라갔다. 이른 새벽의 거리는 하얀 안개 속에 잠들어 있다. 따그닥거리는 말발굽 소리가 정적을 깬다. 바로 앞, 안개 너머로 고개를 빠끔히 내민 하자르두리 궁전이 신기루 같다. 한때 동부 인도의 역사를 주름잡던 이곳이 유적지만 남긴 채 깡촌으로 전락해 버린 지금, 모든 과정을 지켜본 궁전은 말이 없다.

옥상에서 배회하다 다시 밑으로 내려왔다. 비어 있던 길거리 짜이집에서 연기가 피어오른다. 도시가 잠에서 깨어나는 시간이다. 손님을 태울 마부, 연장을 든 노동자, 한국에서 온 여행자까지 모두가 한마음으로 기다리는 짜이. 잠시 후 받아 든 컵은 엄청 뜨겁다. 하지만 아침의 칼바람에 후후 불며 마시는 맛은 얼어붙은 몸을 녹이고 하루를 시작할 힘을 준다.

인도는 그랬었지

어느덧 아침이 밝았고 사미르와 친구들과 근처 망고 농장에 소풍을 가게 되었다. 이곳은 망고가 유명한데 열매가 열리기 전인 겨울의 망고 농장은 주민들의 소풍 장소로 쓰인단다. 고기 좋아하고 술 좋아하는 벵갈리들 답게 치킨 4kg, 얼굴만 한 럼주 한 병을 챙기고 걷는 그들에게 너무나 정이 간다.

술잔이 채워지고 이어지는 음악과 춤. 취기가 한껏 오른 상태에서 춤추니 재미도 그런 재미가 없다. 빠르게 들려오는 노랫가락 속에 오릿샤의 한 마을이 문득 떠올랐다.

'2년 전 그때 참 재미있었지.'

장소와 사람만 다를 뿐 그때 그대로인 분위기다. 그렇게 청년들과 무아지경이 되도록 스텝을 밟았고 술병도 깨끗이 비웠다. 지금 즐기지 않으면 이 시간은 다시 오지 않는다.

치킨까지 요리해 먹고 시간을 보니 다섯 시가 되어 있다. 겨울이라 주위가 빨리 어두워졌고 집과 가게에서 연기가 피어오르기 시작한다. 그 연기에 실려 오는 커리 냄새. 2016년 오릿샤의 시골이 생각나 감정이 북받쳤다. 그때 참 좋았는데……

　나는 숙소로, 친구들은 각자 집으로 돌아가야 해서 슈몬과 사미르는 나와 같이 합류했고 오토바이를 타고 가던 길에 웬 공동묘지가 하나 보인다. 그냥 지나치기엔 뭔가 사연이 있는 곳 같아서 안으로 들어가 봤다. 음산하게 드리운 나무에 이슬람 양식으로 화려하게 꾸며진 비석들을 보니 평범한 묘지는 아닌 것 같다. 마침 우리를 보고 저 안쪽에서 삐쩍 마른 소년 한 명이 나와 이곳의 역사를 설명하기 시작했다.

　"여기는 자프라간즈 공동묘지예요. 나왑 미르 자파르가 처음 건설했고 그의 아내, 아들들, 뒤를 이은 나왑들이 묻혀 있습니다."

　소년은 무덤 하나하나를 가리키며 그 주인에 대해 설명했다. 흥미로운 사실은 비둘기의 무덤도 있다는 것이다. 한때 이곳을 지배했던 자들의 무덤은 상대적으로 화려하고 안으로 들어갈수록 주인을 모르는 무덤도 많다고 한다.

　소년을 뒤로하고 우리 셋은 안쪽 깊숙한 곳으로 들어갔다. 해는 이미 넘어갔고 검은 어둠이 사방을 뒤덮는다. 쌀쌀히 불어오는 바람과 어디선가 들리는 나뭇잎 소리는 분위기를 완전히 바꿔놓았다. 이름도 남기지 못한 채 죽은 이들의 비석들 사이로 보이는 화려한 건축물들. 일부는 성을 닮았고 일부는 모스크를 닮았다. 죽어서도 돋보이고 싶은 마음이었을까? 어깨를 타고 느껴지는 한기……. 누군가 있긴 있는 것 같다.

더 어두워지기 전에 밖으로 나왔다. 이제는 사미르와 슈몬도 집에 가야 해서 마지막으로 짜이나 한 잔 먹고 헤어지기로 했다. 숙소 앞길로 돌아온 우리는 노란 전등이 몽롱하게 켜진 가게로 들어가 짜이를 주문했다. 작은 가게지만 사람들로 북적였고 티브이에서는 오래된 힌디어 영화가 방송되고 있었다.

마침내 짜이가 나왔다. 이걸 마시니 좀 살 것 같다. 쌀쌀한 겨울, 아침엔 몸을 녹이고 하루를 시작하게 하는, 저녁에는 하루의 고단함을 씻어내는 짜이 한 잔은 필수다. 제복을 입은 경찰, 연장을 든 노동자들, 공무원인 듯한 남자 모두가 짜이 앞에서는 평등하다.

난민 버스
- Malda

인도를 여행하며 수많은 버스를 타 봤지만 그렇게 충격적으로 더러운 버스는 없었다.

하얀 안개가 싸악 낀 벵골의 녹색 평야, 한겨울 추위가 서린 안개를 뚫고 버스는 달린다. 무슨 문제인지 버스가 갑자기 길바닥에 퍼졌다. 안내원은 늘 있는 일인 듯 지나가던 다른 버스를 잡아 세웠다. 나를 가리키며 벵골어 사투리로 뭐라 뭐라 소리치는데 "지금 저 버스가 당신 목적지인 말다까지 간다. 빨리 뛰어서 타라."라는 말 같았다.

미친 듯이 뛰었다. 저 버스 놓치면 길 한복판에서 밤을 지새워야 한다. 가까스로 올라타 자리를 잡고 앉았는데 눈 앞에 펼쳐진 풍경에 놀랐다. 천장에 아슬아슬하게 걸린 노란 전구 하나가 빛의 전부이고 무표정의 사람들이 좀비처럼 앉아 있다. 흙먼지 날리는 바닥에 널브러진 야전삽, 끌, 낫 같은 연장들. 엄청난 분위기에 등골이 서늘해졌다.

낮엔 노란 겨자꽃이 넘실대는 벵골의 풍경은 밤이 되면 쓸쓸하기 그지없다. 고개를 돌려도 칠흑 같은 어둠뿐이라 시선을 둘 데가 없다. 게다가 허여멀건한 안개까지 겹쳐 마치 다른 세상을 달리는 듯했다.

옷에 얼굴을 푹 파묻은 사람들 사이에 있으니 말로 표현할 수 없

인도는 그랬었지

는 이상한 기분마저 들었다. 버스가 목적지에 좀 더 빨리 도착하길 바라는 수밖에……

창밖으로 하나둘씩 빛이 밝아온다. 말다 시내에 도착한 것이다. 사미르가 말해 준 거리에 내려 숙소를 찾기 위해 걸었다. 늦은 밤인데도 먼지가 쌓인 노점들은 성업 중이다. 몇 군데를 돌아보고 하룻밤에 단돈 400루피인 방을 잡았다. 체크인을 하고 문을 여니 한기가 느껴진다. 휑하니 빈방에서 몰려드는 공허함. 새 도시의 쌀쌀맞은 첫인상이다.

가우르에서 유적지 찾기
- Gaur

사방을 둘러봐도 푸른 논밭밖에 없는 작은 시골. 이곳이 한때 벵골 지역을 다스리는 중심지였다는 게 믿기지 않았다. 직접 돌아보기 전까지는.

화려한 궁전보다는 폐허가 끌리고, 관광객들이 많은 곳보다는 이런 조용한 곳이 더 좋다. 그렇게 선택한 여행지 말다. 반세기 이상 지속된 이슬람 지배는 논밭 곳곳에 그 흔적을 남겼다는데 보물찾기 하는 느낌으로 둘러보면 되겠다.

차들이 빵빵대는 거리에서 릭샤 한 대를 붙잡았다. 유적지들은 버스도 안 다니는 외진 곳에 있기에 릭샤를 빌려 종일 둘러볼 생각이다. 내 말을 들은 젊은 릭샤 운전수는 신난 표정으로 물어보지 않은 얘기까지 줄줄이 늘어놓았다. 앞머리를 길게 늘어뜨린 친구였다.

"내 이름은 임란이에요. 그 유적지들은 내가 며칠 전에도 갔다 왔으니 걱정하지 마세요."

릭샤는 도로를 40분 정도 달리다 샛길에 들어섰고 거짓말처럼 차들의 행렬이 사라졌다. 낮은 집들이 줄지어 있는 비포장도로를 달리자 차체가 미친 듯이 흔들린다. 그렇게 몇 분이 지났을까, 앞에 오래된 개선문이 하나 보인다. 무굴 시대에 세워진 루꼬쭈리 다르와자다.

인도는 그랬었지

　벵골어로 루꼬쭈리는 숨바꼭질을 뜻한다. 왕이 아내와 숨바꼭질을 하는 용도로 사용되었다는 의견이 있지만 명확하지 않다. 오히려 이 문은 왕족들이 행진하는 통로였고 루꼬쭈리라는 이름은 그보다 훨씬 후에 현지 아이들이 붙였을 거라는 얘기도 있다.

　세월이 흐르고 칠도 벗겨졌지만 문은 아직 건재하다. 사진을 찍고 안으로 들어가니 사방에 보이는 연못들, 그 주위로 오래된 모스크 유적들이 흩어져 있다.

　구경을 시작하기에 앞서 간이 가게에 들어가 짜이 한 잔을 마셨다. 옆에 앉은 할머니는 나를 빤히 쳐다보더니 말을 걸었다.

　"어디서 왔어? 다르질링? 방글라데시?"

　방글라데시? 후에 알게 되었지만 이곳에 찾아오는 대부분의 관광객들은 방글라데시인이다. 한국에서 왔다고 하니 그건 어디에 있냐고 묻는다. 비행기를 타고 8시간은 걸린다 하니 그제야 고개를 끄덕인다.

짜이를 다 마시고 눈앞에 보이는 모스크에 들어갔다. 까담 라술 모스크다. 표지판에 적힌 설명에 따르면 1530년, 술탄[21] 누스라트 샤에 의해 건축되었다. 이슬람 선지자 무함마드의 발자국이 보관되어 신성하게 여겨지는 곳이다.

이곳의 모스크는 델리와 비교해서 크기가 작다. 사방이 연못이라 단단한 석재를 구하기 어려워 벽돌로 건축해서 그렇다. 웅장하진 않지만 절제된 미가 돋보였다.

임란이 이제 어느 쪽으로 가겠냐고 물었다. 지도를 보니 여기서 밑으로 내려가면 방글라데시 국경이다. 국경 앞은 어떨지 궁금해 그에게 살짝 물어보았다.

"거긴 마하디푸르 포인트라고 하는데 내가 종종 손님들을 실어 나르는 곳이에요. 바로 앞까지 갈 수 있습니다."

과거부터 땅이 비옥하고 물도 풍부한 벵골은 황금빛 땅이라 불렀다. 달리는 릭샤 밖으로 끝없이 펼쳐지는 초록빛 논밭, 연못에 반사되어 빛나는 햇빛은 그 말이 조금도 틀리지 않았음을 증명한다. 숨막히게 아름다운 풍경이었다.

---

21) 이슬람국가의 지도자.

방글라데시 국경이 가까워지고 길 양쪽으로 버려진 모스크들의 유적이 보이기 시작했다. 이런 곳에 왜 여행자들이 없는지 의문이다. 릭샤에서 내려 주위를 서성이다 가장 상태가 좋은 모스크에 들어가 봤다. 정원처럼 잘 꾸민 내부에 위치한 땅딸막한 모스크. 표지판엔 '로딴 마스지드'라고 적혀 있다. 15세기경 지어진 것으로 추측되며 건축자도 불확실하다.

표면에는 여러 무늬가 새겨져 있다. 악기 같기도 하고 양초 같기도 하다. 지금은 갈색이지만 표면에 퍼즐처럼 남아 있는 색색의 벽돌들이 원래는 갈색이 아니었다고 말해준다.

나와 임란은 서로 사진을 찍어주고 밖으로 나왔다. 릭샤에 타며 임란이 여기서 5분만 더 가면 국경이니 카메라를 넣으라고 한다. 긴장감 속에 스쳐 가는 똑같은 풍경. 잠시 후 보이는 엄청난 수의 트럭들과 함께 기류가 바뀌었다. 곤봉을 들고 서 있는 사람들, 벵골어로 소리치는 트럭 운전수들, 길에 세워둔 차 주인을 찾는 화난 목소리……

인도는 그랬었지

갑자기 릭샤에 모르는 남자 두 명이 올라탔다. 당황할 새도 없었다. 날렵한 눈매를 가진 남자는 방향이 같으니 국경 앞까지 태워달라고 하고 자리에 앉았다. 호기심을 참지 못하고 그에게 물어봤다.

"트럭 한 대가 국경을 넘으려면 얼마나 기다립니까?"

"상황에 따라 달라. 짐이 많으면 일주일까지 기다리기도 해."

"방글라데시에 뭘 싣고 가는 거죠?"

"전부 다. 커리, 향신료, 오이, 물고기, 쌀 등등. 우리가 안 보내면 그 나라는 굶어 죽을 거야."

짧은 대화지만 남자가 방글라데시를 매우 싫어한다는 것엔 의심이 없었다. 인도-방글라데시 국경에선 농작물, 소고기, 심지어 여자들까지 밀수된다. 그것을 매일 보는 이곳 주민으로선 방글라데시가 좋게 보일 리 없을 것이다.

드디어 체크포스트에 도착했다. 바리케이드와 총을 든 인도군들 뒤로 무너진 성벽이 눈길을 끈다. 임란이 시동을 끄고 말했다.

"내리세요. 저 성벽 너머가 방글라데시입니다."

작년 1월, 방글라데시를 여행할 때 나는 반대편, 즉 방글라데시 땅에 서 있었다. 줄줄이 서서 바리케이드를 넘는 트럭, 우거진 망고나무. 여기서 몇 걸음만 가면 외국인데 양쪽의 분위기는 전혀 다르지 않다. 같은 역사와 언어를 공유하는 민족이 종교, 이념의 이름으로 나뉜 사례는 많다. 그렇지만 이곳 사람들은 적어도 서로의 국경을 '합법적으로' 넘을 수 있다. 우리나라의 상황이 떠올라 가슴이 아려왔다.

다시 릭샤에 탔다. 아까 못 본 유적지들을 보고 돌아가야지. 임란에게 릭샤를 돌리라고 했고 한적한 곳을 달릴 때 그가 나에게 물었다.

"무슨 생각으로 여기 혼자 온 거요? 국경 지대라 정말 위험한데."

"위험한 줄 몰랐죠. 그런데 구체적으로 어떻게 위험한데요?"

"아까 그 남자들 눈빛 봤죠? 여긴 보통 사람들 사는 데가 아니에요. 많은 사람들이 밀수와 연계되어 있고 수틀리면 칼이 날아오죠."

이곳이 관광지로 개발되지 않은 이유를 알게 되는 순간이었다. 평화롭게만 보이던 분위기에 날카로운 기류가 느껴진다. 나를 안심시키려는지 임란은 한 마디 덧붙였다.

"그래도 지금 가는 곳은 관광객들이 좀 있으니 괜찮아요. 국경만 벗어나면 큰 위험은 없습니다."

연못을 타고 꼬불꼬불하게 난 길을 달려 우리는 다킬 다르와자라는 곳에 도착했다. 여기서 봤던 다른 유적지들보다 두 배는 웅장하다. '다킬'은 출입을 뜻하니 왕족들의 출입문으로 사용되었을 것이다. 정확한 건축자와 연도는 불확실하나 스쳐 지나가는 여행자에게 그런 건 중요하지 않다. 안으로 들어가 보니 몇 개의 방들이 있다. 반세기의 어둠을 쌓아놓은 내부엔 무서운 적막이 감돌았다. 반대편으로 나오니 작은 언덕이 보인다. 그 너머로는 지금까지 봤던 벵골의 시골 풍경이 파노라마로 펼쳐지고 있다.

언덕 끝으로 가서 앉았다. 휴대폰으로 인도 노래를 틀었다. 이런 분위기에 어울리는 시골 곡조의 노래가 울린다. 끝없이 펼쳐진 초록빛 논밭과 연못, 그리고 망고나무들. 귀에 들리는 선율에 맞춰 내 기억은 천천히 2016년으로 돌아가고 있었다. 인도가 마냥 좋았고 시골 마을에서 노래를 들으며 여유 부리던 시절……. 그때 나는 얼마나 행복했던가. 물론 사기꾼들과 나쁜 놈들이 있지만 그만큼 좋은 사람들도 만나서 도움도 받았는데. 너무 가까이서 보려고 하니 데인 것이다. 적당한 거리를 유지하면 인도는 참 아름답다. 지금 이

인도는 그랬었지

풍경처럼.

작년에 인도를 떠날 때 느낀 감정들은 노래에 실려 멀리멀리 날아 갔다. 그렇게 몇 분간 황홀함 속에 있었을까, 임란의 목소리가 들린 다. 이제 떠나야 할 시간이다.

그다음은? 아무 일도 일어나지 않았다. 우리는 무사히 시내로 돌 아왔고 나는 델리를 거쳐 한국으로 귀국했다. 한 가지 변한 게 있다 면 이젠 인도를 끊을 수 없는 걸 스스로 인정했다. 지금도 그 노래 를 들으면 초록 논밭이 눈앞에 흐릿하게 아른거린다.

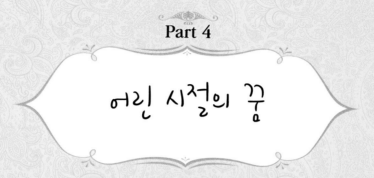

Part 4

어린 시절의 꿈

티켓은 이미 쥐어졌다

2018년 3월 28일, 서울에서 열린 힌디어 대회에 학교 대표로 참가했다. 전국의 힌디어를 공부하는 학생들이 겨루는 대회인데 1등 상품이 무려 인도 왕복 항공권이다. 6년간 공부했던 기억을 총동원해 연설문을 작성했고 혼신을 다해 무대에서 읽었다. 몇 개의 공연을 마치고 찾아온 수상자 발표 시간. 심장이 가슴 밖으로 튀어나올 것 같다.

"2018년 힌디어 대회 말하기 분야 1등은…… 부산외대 이 준 학!"

눈물이 났다. 몇 년간의 노력이 결실을 보는 순간이다. 무대 위로 올라가 사진을 찍고 항공권 양도 각서에 서명을 했다. 출입국 날짜 조절 가능, 인도 내 국내선도 두 번 이용 가능한 파격적인 조건의 티켓이다.

출입국 날짜를 정하고 이번엔 어디로 갈지 고민에 빠졌다. 공항이 있고 내가 지금까지 안 가본 곳, 여름에 덥지 않은 곳(라자스탄은 여기서 탈락), 인도에 빠진 계기가 된 곳. 라다크, 판공초 호수?

나를 인도에 빠지게 했던 영화 〈세 얼간이〉의 엔딩에 나왔던 곳이다.

'그때 거기는 꼭 보겠다고 다짐했는데 시간이 이렇게 흘렀네.'

눈을 감고 그 시간을 떠올렸다. 인도가, 인도 노래가, 인도 영화가 마냥 좋았던 시절, 길거리에서 인도인 비슷한 사람만 봐도 반갑던

인도는 그랬었지

시절, 여행 계획만으로 설레던 시절.

물론 직접 가서 본 인도는 기대 이상이었지만 완벽하지는 않았다. 숨 막히게 아름다운 곳이 있으면 그 이상으로 더러운 곳도 있고 경이로우면서 쩨쩨하다. 생각지도 못한 풍경을 선사하는가 하면 마음을 주려고 할 때 아프게 한다.

그런데, 세상에 완벽한 나라가 있는가? 어쩌면 이런 것들 때문에 인도가 더 강력히 생각나는 게 아닐까? 거기 있을 때는 짜증 났던 날들이 막상 한국에 와서 그립다니 역시 알 수 없는 나라다.

막연한 그리움의 원인을 찾으러, 나를 홀린 풍경을 직접 보러 그 나라에 다시 내렸다. 열기가 훅훅 느껴지는 6월이었다.

레, 마지막 남은 오지라고?
- Leh

6월의 델리는 찜통이다. 숙소 안까지 들어오는 열기에 잠을 잘 수 없고 밖에 돌아다니면 쓰러지기 딱 좋은 날씨다. 결국 모든 관광 일정을 취소하고 카페에 죽치고 앉아 라다크의 관문 레에 가는 날만을 기다렸다.

라다크는 오래된 미래, 마지막 남은 샹그릴라로 알려진 곳이다. 이곳으로 통하는 길은 일 년에 겨우 넉 달만 열린다. 10월부터 4월까지는 깊은 눈에 파묻혀 외부의 접근을 허용하지 않는다. 그런 연유로 라다크는 과거의 생활상과 자연을 보전할 수 있었다. 1974년 개방되기 전까지.

레로 가는 비행기는 만석이다. 승객들의 생김새도 다양하다. 서양인, 한국인, 이스라엘 여행자, 남인도 사람들. 모두가 같은 문구를 들고, 같은 기대를 가지고 가는 여행자들이리라.

레 공항에서 외국인 등록 서류를 작성하고 밖으로 나왔다. 몇 시간 전의 델리와는 다른 서늘한 공기가 몸을 스친다. 택시를 타고 먼저 메인 로드로 갔다. 오지라는 소문과 달리 도로는 깨끗하고 말끔히 포장되어 있다. 멀리 보이는 회색 돌산과 신기한 구름들이 고산지대임을 말해주고 있다.

택시는 숙소가 모여 있는 곳에 도착했다. 골목 이곳저곳을 기웃거리며 싼 숙소를 찾아다녔고 하루에 500루피 하는 호스텔에 짐을 풀었다. 다른 숙소의 싱글 룸은 죄다 1,000루피를 넘어가니 레의 물가가 상당함을 알 수 있다.

짐을 풀고 발코니에 나와 앉았다. 뒤로 보이는 갈색 돌산과 초록색 나무, 노란 논밭이 강렬한 색감을 이룬다. 그 풍경에 빠져 한참을 그냥 앉아 있다가 이곳의 명소인 레 왕궁을 보러 길을 나섰다.

은둔의 샹그릴라에서 전 세계인의 여행지로 뒤바뀐 레의 거리엔 여행사들이 성업 중이다. 바이크를 흥정하는 사람들, 팀을 모으고 있는 가이드, 기념품을 파는 소녀. 전에 와 보지는 않았지만 엄청나게 관광지화되었다는 건 알 수 있다. 자신만의 특색이 세계에 알려지는 순간 그곳은 엄청나게 유명해지지만, 정작 특색은 서서히 색을 잃어간다.

그래도 메인 로드에서 벗어날수록 상상하던 라다크의 풍경이 보이기 시작했다. 흙색의 건조한 길에 전통의상을 입은 여성들이 지나간다. 황량한 돌산 위에는 빛바랜 스투파들이 쓸쓸히 서 있다. 그 너머로 보이는 레 왕궁은 흐린 하늘에 덮여 음산한 분위기를 발산했다.

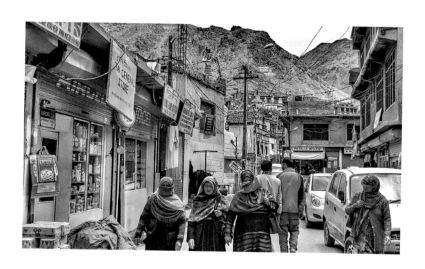

입구를 찾아 산을 오르기 시작했다. 바닥에 풀 한 포기 없는 것으로 보아 정말 건조한 지역인 것 같다. 쓸려 내려가는 모래에 온 정신을 집중해서 걸어야 했다. 중간중간 버려진 건물들이 나오는데 사람의 흔적은 없고 검은 어둠만이 감돈다. 몇 세기의 세월이 묻혀 있을 거라 생각하니 섬뜩했다. 외관도 훌륭하고 아직 튼튼한 것 같은데 무슨 연유로 버려진 걸까?

널브러진 유적들 사이로 난 길을 타고 계속 걸으니 드디어 왕궁 건물에 도착했다. 메인 로드에서 봤던 여행자들은 다 이곳에 모여 있다. 상상했던 승려들은 코빼기도 보이지 않고 그 자리를 메운 이들은 가죽 재킷을 입고 최신형 카메라를 든 여행객들이다. 도대체 어떤 면에서 레가 오지라는 건가? 10년 전쯤엔 맞는 말이었겠지만, 현재의 레와 라다크는 엄청난 수의 인도인, 외국인 관광객이 방문하는 곳이 되었다. 모두가 마지막 남은 오지의 풍경을 기대하고 이곳을 찾지만 실상은 정반대다. 가장 다양한 인종들과 언어들을 한곳에서 볼 수 있는 곳이 라다크다.

그래도 레의 풍경은 여행자들을 끄는 매력이 있다. 아래로 보이는 나무들과 황량한 돌산은 기묘한 대비를 만들어낸다. 해발고도가 높은 곳이라 하늘은 더 선명하고 구름은 파도처럼 돌진한다. 그 결이 신기해서 한참을 넋 놓고 쳐다보게 된다.

안에 들어가 보고 싶었으나 안타깝게 문이 닫혀 있다. 외관을 보면 아직 건재한 것 같은데 왜 못 들어가지? 뷰 포인트에서 다른 여행객들과 얘기를 하며 아쉬움을 달랬다.

내려오는 길은 더 험했다. 샌들을 신어서 발바닥 밑의 모래가 쓸릴 때마다 소름이 머리끝까지 돋았다. 사람들과 떨어진 폐허 사이를 걸을 땐 나 혼자 시간을 넘어온 기분에 휩싸였다. 흐릿한 날씨에 널브

러진 돌들 사이로 나부끼는 종이들. 그 위에 적힌 누군가의 소원은
이루어졌을까? 바람에 퍼덕이며 휘날리는 소리가 한스럽게 들렸다.

호스텔의 청년들

왕궁을 보고 숙소에 돌아온 나는 고민에 빠졌다. 누브라 밸리를 거쳐 이번 여행의 최종 목적지인 판공초 호수를 가기 위해서는 퍼밋이 필요하다. 문제는 최소 2인 이상이 신청해야 퍼밋이 발급된다는 거다. 나는 동행도 없는 데다 혹시나 해서 찾아간 길거리의 여행사들은 엄청난 가격을 부른다. 이젠 어떡하지? 길거리에서 아무나 붙잡고 그룹에 좀 끼워달라고 할까?

어느덧 해가 지고 조용했던 숙소가 북적이기 시작한다. 1층 소파에 앉아 쉬고 있는데 건장한 서양인들 세 명이 들어왔다. '여기 투숙객인가 보다' 생각하고 고개를 돌리려는 찰나, 그들은 대뜸 냉장고에서 맥주를 꺼내 와 내 앞에 앉았다.

"안녕~ 새로 왔나 보네? 나는 발츠메르고 이 친구는 루젠달, 옆에 애는 칼스야."

너무 자연스럽게 대화를 시작하는 그들의 친화력에 놀랐다. 이게 바로 서양의 오픈 마인드적 대화법인가? 악수를 하고 통성명했다. 네덜란드, 독일, 미국에서 온 청년들. 이 숙소에 장기 체류를 하며 친해지게 되었단다. 그들은 나를 기꺼이 그룹 안에 들였고 우리는 호기롭게 맥주를 마시며 대화를 이어갔다.

"내가 마날리에서 오토바이를 타고 여기까지 왔지. 길이 엄청 미끄러운데 그 풍경은 정말 평생 못 볼 풍경이라니까~!"

짙은 턱수염이 인상적인 독일 청년 발츠메르가 여행담을 늘어놓았다. 차로 달리기도 어려운 히말라야의 산길을 오토바이로 달리다니, 여행자들 중에는 대단한 사람들이 많다. 나도 그렇게 달릴 수 있다면⋯⋯.

네덜란드 청년 루젠달은 이 상황을 예상이라도 한 듯 말을 꺼냈다. 누군가 이토록 멋있어 보인 적은 처음이었다.

"나도 오토바이가 있는데 판공초까지 가려면 2인 이상이 퍼밋을 신청해야 된다더라. 그러고 보니 준학, 혼자인 것 같은데 괜찮다면 나랑 같이 동행 어때?"

그렇게 루젠달과의 동행이 결정되었고 우리는 축배를 들었다. 쌓여가는 알코올 속에 방금까지의 걱정은 기우가 되어 사라졌다.

다음 날, 준비는 일사천리로 진행되었다. 숙소에서 보드게임 한판을 마친 우리는 메인 로드에 나와 쇼핑을 했다. 추운 지역이기 때문에 두꺼운 재킷과 장갑이 필요했다. 현금도 넉넉히 뽑았고 담당 사무실에 가서 퍼밋 신청까지 마쳤다. 모든 일을 마치고 우리 넷은 숙소로 돌아와 자리를 차지하고 앉았다.

그날은 6월 27일. 월드컵이 열리고 있었고 한국과 독일의 경기 날이었다. 나와 발츠메르를 의식이라도 한 듯 로비엔 대형 스크린이 설치되었고 나는 오른쪽, 발츠메르는 왼쪽 소파에 앉았다. 결과는 예상을 뒤엎은 한국의 승리. 다른 숙박객들의 축하를 받으며 기분은 최고로 들떠 있었다.

내일 아침, 출전이다.

인도와 인연을 맺은 지 어느덧 4년. 나를 여기로 끌어들인 풍경을 직접 보러 간다.

인도는 그랬었지

누브라 밸리로 내달리다

다음 날 아침, 드디어 카슈미르의 계곡을 향해 질주할 날이 밝았다. 우리는 짐가방을 오토바이 옆에 묶고 옷을 껴입었다. 숙소 사람들과 3일 뒤에 보자는 작별 인사를 하고 오토바이에 탔다. 루젠달은 오토바이 시동을 켰고 '부와아앙' 하는 힘찬 소리가 숙소에 울렸다. 마지막으로 뒤를 힐끗 돌아보고 오토바이는 대문을 나섰다. 숙소 건물과 흙길이 점점 시야에서 사라져 간다.

우리는 잘 포장된 대로에 들어섰고 다른 오토바이들과 버스의 행렬에 동참했다. 쭉 가다 보면 거대한 티베트식 대문이 나오는데 그걸 통과하면 잃어버린 세계로 가는 험한 산길이 시작된다(잃어버린 세계라고 썼지만 오토바이와 지프의 행렬이 끝이 안 보이는 건 더 이상 비밀도 아니다).

우리의 오토바이는 메마른 산길을 신나게 내달렸고 산길이 워낙 꼬불꼬불해서 코너를 돌 때마다 밑으로는 새로운 풍경이 펼쳐졌다. 이렇게 몇 번 코너를 돌았을까, 조금 전까지 올려다봤던 하얀 구름이 눈앞에 보이기 시작했고 그와 동시에 시작된 엄청난 교통체증. 레, 라다크가 지구상 마지막 오지라는 말은 틀렸다. 지금의 라다크는 전 세계의 여행객들로 넘쳐나는 상태이고 그에 따른 환경오염도 심각하다. 앞뒤로 끝이 안 보이는 차량의 행렬에서 기다리기를 30분, 드디어 길이 열리기 시작한다. 우리는 다시 앞으로 달렸고 하얀

게 핀 구름 속으로 사라졌다. 구름 안은 차가웠다. 하얀 연기가 눈앞을 가리지만 루젠달은 그 와중에도 균형을 잃지 않는다. 고도는 점점 높아졌고 온도는 더 떨어졌다. 어느 순간 구름이 걷히고 앞에 펼쳐진 풍경에 할 말을 잃었다.

인도는 그랬었지

무릎까지 눈이 쌓여 있다. 병풍처럼 펼쳐진 설산들 위로 구름이 배처럼 떠다닌다. 모든 관광객들이 차와 오토바이를 멈추고 사진을 찍고 있었다. 나와 루젠달 역시 서로의 사진을 찍고 오늘의 목적지인 디스키트를 향해 내달렸다. 가는 길의 풍경은 비슷한 것 같으면서 다양했다. 황량한 산들과 가끔 보이는 초록빛 마을들, 쌓여 있는 만년설까지. 나야 눈이 신기하지 않지만 인도인들은 생애 처음으로 눈을 보는 사람들도 많다.

그렇게 한 시간을 더 달렸다. 지금까지 갈색이었던 산들이 검은색 돌산으로 바뀌었다. 삭막한 돌산의 내부는 색감이라곤 찾아볼 수 없을 정도로 차갑다. 비현실적이라는 단어가 딱 들어맞는 곳이다.

몇 시간쯤 지났을까, 다시 풀들이 보이기 시작했다. 이름 모르는 호수를 하나 지나서 우린 디스키트에 도착했다. 가장 먼저 보이는 숙소에 방을 잡고 짐을 풀었다. 발코니에서 맥주를 마시니 피로가 싹 풀린다. 파란 하늘에 기도문을 적힌 종이가 휘날렸다.

5

어린 시절의 꿈
- Diskit, Pangong tso

　디스키트는 산을 품은 마을이다. 우리는 맥주를 마시고 시내를 구경하러 나왔다. 파란 하늘이 손에 잡힐 듯 가깝다. 멀지 않은 산 중턱에 자리한 곰파는 햇빛을 받아 신비한 느낌을 냈다. 이런 평화로운 분위기가 좋다. 천천히 길을 걸으며 황홀에 빠져들었다. 몸이 점점 위로 올라가는 듯한 느낌이 든다. 아득히 파란 하늘 아래 둥둥 떠다니는 발걸음이 한없이 가볍다. 귀에 들리는 물 흐르는 소리, 바람 소리⋯⋯.

　아아, 정말 좋다. 정말 행복하다. 여기서 바람처럼 사라지고 싶다. 이 속에 스며들고 싶다.

숙소로 돌아가기 전 우리는 한 가지 중요한 미션을 완수했다. 그것은 다름 아닌 '치킨 찾기'. 왜 하필 고기가 귀한 이곳에서 치킨이 당기는 걸까? 오토바이로 시내를 샅샅이 뒤진 결과 거의 끝자락에 위치한 식당에서 치킨을 먹을 수 있었다. 기름에 바삭하게 튀긴 치킨의 맛은 이곳 풍경처럼 환상적이다.

식사를 마치고 바깥마당에 앉아 차를 주문했다. 눈 앞에 펼쳐진 산들 위로 구름이 흘러가고 있다. 이런 풍경이 또 어디 있단 말인가?

이곳은 해가 빨리 떨어진다. 오후 5시밖에 되지 않았는데 벌써 땅거미가 진다. 안 그래도 조용한 마을이 어둠과 함께 깊은 고요 속으로 던져졌다. 숙소에서 준비한 저녁을 먹고 침대에 누웠다. 밖에서 웅웅거리는 소리가 난다. 수 세기 동안 여기서 떠도는 바람의 소리라고 생각하니 오싹했다. 한이 서린 걸까? 그 날카로운 촉이 방까지 들어와 덜덜 떨며 잠들었다.

다음 날 우리는 아침 6시에 일어났다. 기괴한 구름들이 하늘을 뒤덮었고 그 밑으로 부서진 불탑들이 보인다. 가다 보면 날씨가 갤 거라는 희망을 가지고 우리는 출발했다. 디스키트 시내가 아득히 멀어지고 돌산이 가까워진다. 더 깊은 곳으로 들어갈수록 가슴이 뛰었다. 점점 파래지는 하늘과 숨 막힐 듯 아름다운 풍경 외에도 나를 인도로 몰아넣었던 장소를 직접 본다는 설렘이 가슴을 뛰게 만들었다.

삭막할 것만 같은 돌산의 속은 의외의 모습을 보여줬다. 양쪽으로 가꿔진 정원 같은 풀밭에 이름 모를 꽃들이 피어 있다. 그 색에 이끌려 우리는 오토바이를 멈추고 사진 찍기에 바빠졌다. 루젠달도 이런 풍경을 처음 본다며 흥분했다. 아이처럼 좋아하는 거구의 청년을 보니 웃음이 나왔다. 천국 같은 풍경을 카메라에 담은 우리는 다시 길을 떠났다. 간밤에 비가 왔는지 물을 여러 번 건너야 했다. 포장도 안 되어 자갈이 깔린 길을 달릴 땐 진동이 허리를 타고 전해졌다. 안으로 들어갈수록 거무튀튀한 돌산은 기묘한 황색으로 바뀌어 갔다. 삭막한 환경 덕분에 이곳에서는 색감이 본래보다 더 돋보였다.

　　　　　　　　　　　　　　　　　　인도는 그랬었지

쉬지 않고 세 시간쯤 달렸을까, 우려했던 문제가 터졌다. 루젠달이 오토바이를 세우며 말하길 뒤쪽 타이어 공기압이 심상치 않단다. 이대로 계속 달리면 타이어가 터져 오도 가도 못 하는 상황이 생길 수 있다. 결국 최대한 가까운 마을로 가서 타이어를 수리하자는 결론이 나왔고 루젠달은 마을을 향해 떠났다. 나는 짐과 함께 돌산 말고는 아무것도 없는 황량한 벌판에 홀로 남겨졌다. 만약 루젠달이 마을까지 못 도착하면? 길을 잘못 들어 여기를 못 찾으면 대책 없이 고립되는 것 아닌가? 불현듯 공포가 스쳤지만 그를 믿기로 하고 길바닥에 누웠다.

황색 돌산들 위로 펼쳐진 파란 하늘에 떠다니는 구름의 행렬이 보인다. 고도가 높은 만큼 바람도 강해 그 모습이 시시각각 변한다. 가끔 구름이 해를 덮으면 땅 위로 검은 그림자가 드리운다. 도시에도 늘 일어나는 일이지만 여기선 피부로 느껴진다. 바람을 가르며 돌산 표면에서 춤을 추는 그림자의 형상이 기괴했다. 웅웅거리는 소리까지 들리니 세상과 단절된 다른 시공에 떨어진 것 같았다.

기우와 달리 루젠달이 다시 돌아왔다. 덜덜거리는 오토바이를 몰며 등장한 그의 모습은 슈퍼히어로 못지않았다. 그는 나를 보자마자 속사포 같은 영어로 이야기를 풀기 시작했다.

"밑으로 내려가서 가장 가까운 마을에 갔는데 영어를 아는 사람이 한 명도 없었어. 전혀 대화가 안 돼서 조금 더 이동하니 군 막사가 나오더라. 다행히 군인들은 영어를 할 줄 알고 장비도 있어서 타이어 가는 걸 도와줬지. 왔던 길을 다시 찾느라 진땀 좀 뺐네. 후……."

시계를 보니 거의 두 시간이 지나 있었다. 우리는 다시 짐을 오토바이에 싣고 없는 길을 내달렸다. 푸른 빛의 호수가 있다고 믿기지 않는 사막 같은 도로를 얼마나 달렸을까, 다시 초록빛 벌판이 보이기 시작한다. 황량함 속에 뿌리내린 생명의 색은 경이롭다. 동시에 시작된 오토바이 부대의 행렬은 우리의 목적지가 멀지 않다는 걸 말해주고 있었다.

마지막 커브를 돌자 있을 수 없는 광경이 펼쳐졌다. 하늘과 땅의 경계가 희미해지고 강렬한 푸른 빛이 세상을 뒤덮는다. 드디어……드디어……!

2014년 어느 날, 나는 교실에서 영화를 보고 있었다. 인도 영화라는데 재미나 있을까? 속는 셈 치고 본 영화에 나도 모르게 빠져들었다. 마지막 장면엔 눈이 시리도록 아름다운 호수가 나온다. 세상에 저런 곳이 있다는 게 믿기지 않았다. '저 호수, 실제로 보면 어떨까?'라는 호기심이 시작되었다.

4년이 지난 지금 나는 그곳에 도착했다. 실제로 본 호수는 예상보다 더 환상적이다. 물 앞에 서서 출렁이는 지평선을 바라보고 있자

인도는 그랬었지

니 지금까지의 여정들이 하나씩 떠올랐다. 이곳을 직접 보겠다는 어린 시절의 꿈. 그 오랜 꿈이 지금 내 앞에 있다.

가까이 다가갈수록 물과 하늘의 경계가 옅어졌다. 물에 조심스럽게 손을 담갔다. 손끝이 부르르 떨리며 전해지는 차가움. 입에 갖다 대니 짭짤한 맛이 느껴진다. 이토록 깊은 내륙에서 수 세기 동안 염분을 머금고 있는 호수가 놀랍다. 그런 의미에서 판공초 호수는 시간의 결정체이다. 인도를 알게 되어 여기까지 도달한 나의 시간, 비와 바람으로 풍화되어 고유의 모습을 생성한 호수의 시간이 모여 진정한 아름다움을 발산했다.

<세 얼간이>를 보고 찾아온 사람은 나 혼자가 아니다. 오히려 외국인보다 많은 수의 인도인 관광객들이 보인다. 호기심 많은 인도인들은 외국인을 절대 그냥 놔두지 않는다. 북인도에서 온 단체 관광객들 모두와 사진을 찍어 주고 한숨 돌릴 수 있었다.

저녁이 되었고 나와 루젠달은 숙소 침대에 뻗어버렸다. 나무로 만

들어진 허름한 방에 조명도 시원찮지만 그런 데로 분위기가 있다. 서로 사진을 주고받으며 아쉬운 대화를 나눴다. 내일이면 우리의 여정은 끝이다. 3일 후에 델리로 돌아가는 나와 다르게 루젠달은 바이크로 히말라야의 마을 몇 군데를 더 돌아볼 계획이란다. 내심 그의 용기가 부러웠다.

루젠달은 온종일 운전을 하느라 피곤했는지 일찍 잠자리에 들었다. 시계를 보니 오후 열 시 반, 조심스레 문을 열고 밖으로 나왔다. 삐걱거리는 소리가 울렸지만 이내 어둠 속에 묻혔다.

전기가 없는 이곳의 암흑은 그 차원이 다르다. 플래시에 의지해 오후에 앉아 시간을 보냈던 호수 앞쪽으로 걸어갔다. 가까이 갈수록 선명하게 들리는 파도 소리에 촉각이 곤두선다.

발이 차갑다. 바로 앞이 물인가 보다. 옆에 바위에 자리를 잡고 앉았다. 암흑 속에선 보이는 것도 없고 시간과 공간도 사라진다. 파도의 철썩대는 소리가 아득히 먼 곳에서 거슬러 오는 듯 느껴졌다.

돌덩이 위에 깍지를 끼고 누웠다. 별이 보인다. 쏟아질 것 같은 수많은 별들, 그리고 희미한 달빛.

우리가 지금 보는 별들은 이미 죽은 별들이 수억 년 전에 발산한 빛이란다. 즉, 우리는 별들의 과거를 보고 있는 것이다. 과거의 어떤 우연한 사건에 의해 이곳에 도착한 나와 묘한 동질감이 들었다.

인터넷도 없고, 사람도 없고, 나와 별들 말고는 아무것도 없는 이 시간.

그렇게 한참 동안 별을 올려다봤다. 파도치는 소리는 계속 들려왔다.

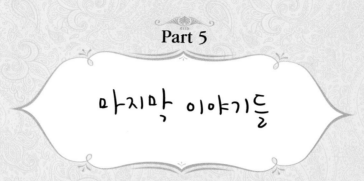

Part 5

마지막 이야기들

파란 하늘을 찾아서

그리고 나는 한국에 돌아왔다. 대학 수업을 몇 번 들으니 어느새 한 해가 끝나간다.

어느 날 병무청에서 우편을 받았다. 선명하게 적힌 "내년 5월 사회복무요원 소집 대상자"라는 글귀를 읽고 뭐에 홀린 듯 인터넷을 뒤지기 시작했다. 정신을 찾았을 때는 이미 메일로 1월에 출발하는 델리행 항공권이 전송된 후였다.

2016년의 기대를 안고 다섯 번째 델리 공항에 내렸다. 밖으로 나와 엄청나게 희뿌연 하늘에 놀랐다. 이번의 델리는 내 기억 속의 파란 하늘을 한 번도 보여주지 않았다. 여행자 거리 빠하르 간즈는 여전히 더럽고 음식물 쓰레기를 뒤지는 소들을 보고 있자니 암울한 기분이 든다.

274   인도는 그랬었지

델리를 떠나 칸푸르를 거쳐 2016년 행복한 시간을 보냈던 러크나우를 다시 찾았다. 그때의 기억을 되찾을 수 있을까 하는 기대감이었다. 그러나 러크나우는 크게 변해 있었다. 파란 하늘은 찾아볼 수 없고 길거리는 공사를 하느라 이리저리 파헤쳐놓았다. 게다가 숨을 쉬기 힘들 정도의 미세먼지까지. 서울의 미세먼지는 이에 비하면 애교 수준이다.

아쉬운 대로 구경을 마치고 호텔 방으로 돌아와 맥주를 주문했다. 예전 같았으면 한 푼이라도 아끼려고 저렴한 게스트하우스에 묵었지만 지금은 편히 쉬고 싶다. 인도와 함께 나도 변했다. 술잔을 따르며 3년 전, 같은 공간에 있던 나를 떠올렸다.

하늘은 완벽히 파랬다. 들뜬 마음에 누구와도 얘기를 하고 친구가 될 수 있을 것 같다. 외국인에 대한 인도 사람들의 관심이 새롭고 짜릿하다. 처음 보는 유적지의 황홀함에 기분이 춤을 춘다.

지금은? 파란 하늘 보기가 어렵다. 길에선 이어폰을 끼는 횟수가 많아졌고 유적지를 봐도 '이거 그때 본 건데……'라는 생각이 든다.

추억은 추억으로 남아야 아름다운 것이라고 했다. 그게 '십분 맞는 말이구나'를 공감하며, 기억 속에 남은 파란 하늘을 회상하며 잔을 비워 갔다. 과거의 아름다웠던 기억은 과거로써 존재할 때 빛을 발한다. 괜히 이리저리 꺼내다간 원래의 빛도 남지 않는다. 문득 머릿속에 한 글귀가 떠올랐다.

'추억을 되돌릴 순 없지만 만들 순 있다.'

그래서 밑으로 내려가리라 결심했다. 항상 가고 싶었으나 못 가본 작은 마을들로.

과연 그곳은 내가 그리던 파란 하늘을 보여 줄까? 새로운 여정의 시작이다.

추위를 극복하는 법
- Kanpur

서른 살이 넘은 비르는 술을 좋아한다. 일주일에 몇 번 마시냐고 물어보니 하루에 두 번이라고 대답하는 비르.

그가 죽이는 곳이 있다며 나를 데려간 곳은 칸푸르 시내 중심에 위치한 다 쓰러져 가는 건물이었다. 언뜻 봐도 지어진 지 50년 이상은 되어 보인다. 이상한 조명이 켜진 안에 들어가니 인도 술꾼이란 술꾼은 여기 다 모아놓은 듯했다. 머리에 목도리를 두르고 술잔을 돌려 가며 마시는 노동자들, 까만 피부가 빨갛게 달아오를 정도로 취한 사람들. 눈을 어디에다 둬야 할지 모르겠다.

우리는 자리에 앉아 치킨 안주와 인도 위스키 한 병을 시켰다. 40도가 넘는 위스키를 들이켜자 열기가 화악 올라왔다. 다행히 지금 인도는 겨울이다. 난방 시설이 없는 인도의 추위를 떨쳐내기 위한 방법은 많다. 코트를 껴입고 자거나 독한 술을 마시거나. 우리는 후자를 택했다.

"왜 이런 데를 왔어? 좋은 식당들도 많은데."

"사람 냄새나고 좋잖아? 그리고 여기 가격이 제일 싸다고."

위스키가 식당만 가면 비싸지는 건 한국이나 인도나 비슷하다. 우리는 안주로 서빙된 치킨을 먹으며 대화를 이어갔다. 저소득층이 주로 오는 가게답게 치킨은 모래를 씹는 듯 푸석거렸다. 치킨 요리를 이리 맛없게 만들 수도 있다니……

신기하게 대화가 물 흐르듯 잘 통했다. 대도시의 고급 주점은 분위기는 좋지만 귀를 찢을 듯 울리는 음악 때문에 귀에 바짝 대고 소리를 질러야 대화가 된다. 그런데 여기는 사람들의 대화 소리가 모여 거대한 메아리를 만들어내고 있다. 그 메아리 속에 술은 더 잘 들어가고 분위기는 달아올랐다.

주위 사람들은 무슨 얘기를 하고 있을까? 이렇게 잔을 기울이고 내일이면 또다시 공사판으로, 짐을 끌며 일해야 하는 운명의 사람들. 취한 건지 체념한 건지 그들의 표정은 이상하게 밝았다.

병이 비워질수록 우리를 괴롭히던 추위가 적어졌다. 술집을 나왔을 때는 이미 해가 떨어진 뒤였다. 집으로 돌아가는 릭샤 안에서 비르는 잠시 릭샤를 세웠다. 잠시 후 돌아온 그의 손에는 럼주 한 병이 들려 있었다. 이 친구, 술 정말 좋아하는구나.

"날이 얼마나 추운데 고작 위스키 한 병으로 되겠어? 옆집에 양고기를 기가 막히게 하는 아저씨가 있는데 2차는 거기로 가자고!"

시내 외곽 논밭에 위치한 비르의 집에 도착했다. 우리는 뒤쪽 외양간에 가서 모닥불을 피웠다. 타닥타닥 소리를 내며 타오르는 불길 앞에서 마시는 럼주 한 잔. 크아~ 이 이상으로 뭐가 더 필요한가!

얼큰하게 취기가 오른 상태에서 비르가 말한 옆집에 도착했다. 처음 보는 아저씨인데도 술의 힘으로 대화가 술술 통했다. 비하르 국경에서 이사 왔다는 아저씨와 고향 얘기를 하니 우리는 어느새 놀랍도록 가까워졌다. 그래, 테까(술집)가 따로 있나? 술 있고 사람들 있으면 마음 가는 곳 어디라도 테까가 될 수 있다.

아저씨가 만든 양고기는 술김에 정신을 번쩍 들게 할 정도로 매웠다. 기온이 7도 아래로 떨어진 매서운 추위의 겨울밤이었지만 우리의 몸은 어느 때보다 뜨거워져 있었다.

인도는 그랬었지

3

버려진 수도
- Mandu

중부 인도의 대도시 인도르를 거쳐 만두로 가는 버스 안, 하늘은 원래의 색을 서서히 찾아갔다. 칙칙했던 무색에 아름다운 파란색이 차오르는 걸 보며 나는 다시 활기를 찾았다. 창문으로 들어오는 시원한 바람에 가슴이 뛴다. 그래, 이래야 여행 기분이 나지!

어느새 버스는 경사가 깊은 산길을 오르고 있었다. 가끔 경작 중인 논밭이 보이지만 잠깐이었다. 이상한 갈색으로 뒤덮인 구불구불한 계곡에 들어섰다.

길이 험했다. 수백 년 전 통치자들은 델리에서 이곳까지 넘어와 수도를 세웠단다. 그 장면을 상상해 봤다. 말을 탄 군인들, 이주민들의 행렬이 지금 이 길을 지났을 것이리라. 지금의 만두는 상상과는 괴리감이 들 정도로 조용했다.

엄청난 크기의 돌문을 통과한 버스는 만두 초입에 나를 내려주었다. 숙박업소가 간간이 세워진 정말 작은 시골 마을이다. 숙소 두 군데를 돌아봤지만 방이 없단다. 결국 한참을 더 걸어 새로 지은 깔끔한 게스트하우스에 방을 얻었다. 요금은 1,000루피. 3년 만에 인도 숙박비가 엄청나게 올랐다.

짐을 풀고 나니 밖이 어둑해진다. 구경은 내일 하기로 하고 밤을 기다렸다. 어둠이 찾아올 때 가방 깊숙한 곳에 고이 모셔둔 위스키 한 병을 들고 방을 나섰다. 인도에선 왜 이렇게 위스키가 당기는지

모르겠다. 계단을 올라 도착한 옥상, 의자 위에 청포도와 위스키
잔을 세팅하니 조촐한 상이 차려졌다.

한 잔 마셨다. 인도의 강한 알코올이 온몸에 전해진다.

하늘을 올려다보니 별이 떠 있다. 도시를 벗어나 하늘의 본 모습
을 보니 기분이 좋다.

달빛 아래 폐허가 된 궁
전들이 어렴풋이 비쳤다.
한때 화려한 제국의 수도였
다는 사실이 믿기지 않을
정도로 작고 조용한 이곳.
적막이 감도는 옛 수도에서
혼자 마시는 술이라…….
적적해 음악을 틀었다. 노
랫가락이 흐르는 분위기에
휩쓸리는 밤이다.

언제는 그렇게 벗어나고
싶더니, 4년 뒤 결국 돌아
온 곳이 인도의 변두리 마
을이라니.

그냥 이젠 인정하기로 했
다. 인도는 잊힐 수 있는 장
소가 아니다.

만두의 하늘
- Mandu

다음 날 아침 커튼 너머로 쏟아지는 햇빛에 잠이 깼다. 하늘이 구름 한 점 없이 맑다.

카메라를 챙겨 숙소 앞 가게에서 자전거를 빌렸다. 만두의 볼거리는 구역을 기준으로 서로 꽤나 떨어져 있기 때문에 자전거로 돌아보는 게 좋다.

오랜만에 밟는 자전거 페달에 신이 나기 시작했다. 우선 가장 가까운 곳에 위치한 자마 마스지드에 도착했다. 과거 이곳을 지배했던 이슬람 지도자들의 기도 장소로 쓰였던 곳이다.

입장권을 사고 들어가니 넓은 회랑과 땅딸막한 모스크가 나왔다. 정교한 기둥들 위에 올라간 세 개의 돔이 인상적인 이 모스크는 1454년 건축되었다. 아프간 계열 왕조가 세운 건축물 중 가장 보존 상태가 좋다고 하는데 그 말이 맞았다. 기둥들은 부식 하나 없이 튼튼했고 색도 상당히 남아 있다.

내부는 선선했고 복도에 햇빛이 들어와 환상적인 색감을 만들어 냈다. 은은한 붉은빛으로 물든 복도를 걷기 시작했다. 저벅거리는 발소리가 정적을 깨고 공간을 휘감았다.

　기둥에 손을 대었다. 유적지에 오면 항상 돌을 만져 그 촉감을 느낀다. 몇백 년 된 세월의 흔적, 그 풍파는 수백 년 동안 버티고 있는 이 건축물의 돌 위에 쌓여 있다.

　한창 혼자 조용히 여유를 즐기고 있는데 갑자기 시끌시끌한 소리가 들리더니 엄청난 수의 인도인 관광객들이 들어왔다. 딱히 그들에게 신경도 안 쓰고 있는데 계속 '메이드 인 차이나' 같은 소리가 들린다. 자기 나라에 놀러 온 외국인한테 이딴 식으로 말을 해야 속이 편할까?

　아직 볼 게 너무나도 많기 때문에 이런 짓거리는 빨리 잊는 게 편하다. 그곳을 나와 바로 뒤에 위치한 호상 샤의 무덤 쪽으로 발걸음을 옮겼다. 만두가 위치한 인도 중부 지역을 '말와'라고 한다. 무덤의 주인 호상 샤는 이곳 이슬람 왕조인 말와 술탄국의 최초 술탄이었다. 최초의 지도자답게 무덤의 규모와 아름다움 역시 상당하다. 순백색의 깎아지르는 듯한 각의 사각형 무덤은 웅장한 존재감을 드러냈다.

　　　　　　　　　　　　　　　　　　인도는 그랬었지

　무덤은 지어진 지 600년이 훨씬 지났는데도 색을 잃지 않았다. 주변과 대비되는 흰색의 아우라는 실로 굉장했다. 그 아우라에 이끌려 안으로 들어가니 이상한 고요가 몸을 감싼다.

　정중앙에 호상 샤의 관이 누워 있다. 600년 전에 죽은 자의 관. 공기 중에 알 수 없는 무거운 분위기가 흘렀다. 그의 왕국은 끝났고 인도에 이슬람 지배는 막을 내렸다. 지금은 관광지로 바뀌었지만 한때 권력의 중심이었을 이곳. 하늘 아래 영원한 것은 없다더니, 시간의 흐름이 무섭다.

　무덤을 구경하고 밖으로 나왔다. 자전거를 풀고 반대 방향으로 페달을 밟기 시작했다. 양옆으로 보이던 가게들이 점차 사라지고 작은 집들이 눈에 들어왔다. 가끔 지나치는 큰 규모의 유적들이 과거의 영광을 말해줄 뿐, 현재 만두는 작고 가난한 시골 마을이다.

　갑자기 길 앞에 닭들이 튀어나와 급하게 멈췄다. 3년 전 오릿샤의 시골에 머물던 날들이 스쳐 지나갔다. 길에 쏘다니는 닭들은 인도의 시골에선 흔한 풍경이다. 그때 이 광경을 처음 봤었는데…….

페허 같은 집에서 아이들이 나왔다. 이 정도의 시골이면 외지인을 경계할 법도 한데 이들은 전혀 그렇지 않았다. 나를 보고 우렁차게 손을 흔들며 "헬로."를 외치는 천진난만한 모습에 기분이 좋아졌다. 이름 모르는 아이들의 인사에 힘차게 페달을 밟아 마을 끝에 위치한 대문 앞에 도착했다.

아슬아슬한 절벽 위에 세워진 문. 계단을 따라 밑으로 조심스레 내려가니 깎아지른 듯한 절벽 너머로 황량한 계곡이 끝도 없이 펼쳐져 있다. 한참을 멍하니 서서 계곡 너머를 응시했다.

모든 시간의 행렬을 쌓아둔 산맥에서 들려오는 정적이 무겁다. 한때 화려했다 버려진 장소에 가면 항상 특유의 무게가 느껴졌다.

웅웅거리며 모래바람이 이는 게 보인다. 모래들은 한동안 공중에서 배회하다 어느 순간 산산이 흩뿌려져 사라졌다.

한때의 영광, 사람들……. 모두 돌아갈 곳으로 돌아간 것이다.

인도는 그랬었지

다시 길을 나와 자하즈 마할로 가기 위해 방향을 틀었다. 지도를 보니 아까 봤던 자마 마스지드 너머다. 왔던 길을 되돌아 페달을 밟았다.

땅딸막한 집들을 지나고, 가게들을 지나고, 번잡한 사거리를 지나 작은 샛길로 들어섰다. 말라비틀어진 나무들 사이로 난 길이 을씨년스럽다. 그렇게 몇 분 더 달리니 웅장한 자하즈 마할이 모습을 드러냈다.

자하즈는 배를 뜻하는 단어다. 즉, 자하즈 마할은 배의 궁전이란 뜻인데 그 이름에 걸맞게 잔잔한 저수지가 펼쳐져 있다. 물 위로 비친 궁전은 정말 한 채의 배처럼 보인다.

가족 단위의 관광객들이 호수를 배경으로 사진을 찍고 있었다. 좋은 날씨와 관광객들의 웃음소리가 모여 기분 좋은 분위기를 만들어 냈다. 이 분위기를 오래 간직하고자 나도 호수를 배경으로 사진 몇 장을 찍었다. 만족스럽게 사진을 받아들고 계단 밑에 도착했다.

위로 올라가는 계단은 하늘과 닿은 듯 경사가 가팔랐다. 몸을 최대한 숙여 사족 보행으로 간신히 오르니 탁 트인 공간이 나왔다. 궁전의 옥상이다.

밑을 내려다보니 저수지의 전경이 한눈에 들어왔다. 그냥 지나칠 순 없어 그늘 밑에 아예 자리를 잡고 앉았다. 얼굴을 때리는 바람에 머릿결이 출렁이며 즐거움이 차오르기 시작했다.

내 시선은 바람에 찰랑거리는 물결을 따라 흘렀다. 초록빛 잔디 위에 저수지, 주변에 심긴 꽃들. 잔잔한 아름다움이 주는 여운은 대단했다. 그렇게 한참을 앉아서 떠나 온 즐거움을 만끽하고 일어섰다.

옥상의 끝에는 망루로 쓰였을 법한 건물이 자리하고 있다. 내부는 작은 다락방처럼 포근했다. 벽에 난 화려한 창밖으로는 군데군데 흩어진 궁전 잔해들이 보였다. 광활한 평원에 홀로 자리한 폐허들을 보니 왠지 모르게 쓸쓸해졌다. 바람은 계속 불어왔다.

계단을 타고 내려와 더 안쪽을 향해서 걸었다. 아까부터 눈길을 끄는 거대한 건축물을 보기 위해서다. 저수지 터를 건너 우람한 직각의 기둥들을 앞세운 힌돌라 마할에 도착했다. 만두의 유적지들은 하나같이 크기가 웅장하다. 날카로운 각의 기둥 앞에 서니 내 몸이 한없이 작게 느껴졌다.

안으로 들어가니 아치형의 기둥들이 천장을 이루고 있다. 위로는 하늘이 훤히 보이고 밑으로는 아치들의 그림자가 드리운다. 그 정교함에 정신을 잃고 셔터를 눌러대기 시작했다. 인간과 세월이 함께 빚어낸 아름다움, 이 조용한 곳에 완벽히 어울리는 분위기다.

무엇이 나를 기다리고 있는지 모른 채 밖의 문 쪽으로 발걸음을 옮겼다. 그 문은 시간을 나누는 경계였다. 문을 나서는 순간 내 눈 앞에 펼쳐진 광경을 보고 잠시 지금의 시간을 의심했으니 말이다.

인도는 그랬었지

광활한 평야에 흩어진 궁전터들을 연결하는 길이 나왔다. 한때 왕족들이 걸었을 길 위를 걸으며 과거를 상상해봤다. 그때는 돌들이 매끈했을 것이고 지붕도 있었을 것이다. 현재 지붕은 흔적도 없이 사라졌고 남은 기둥들은 햇빛과 바람에 부식되었다. 을씨년스레 흩어진 유적들 사이로 바람 소리가 선명하게 들렸다. 윙윙대는 울음이 귀를 파고든다. 수 세기 전부터 시간의 흐름과 전설을 품고 떠도는 바람은 조용히, 강력하게 내 감각을 휘감았다. 그 흐름에 떠밀리듯이 발걸음을 옮기니 야트막한 계단이 나왔다. 말이 좋아 계단이지 반 이상이 부서지고 부식되어 내일 무너져도 이상할 게 없는 구조였다. 무슨 용기인지 발걸음은 그 계단을 밟고 올라가고 있었다. 중간 정도 높이에 올라와 걸터앉아 고개를 돌리니 폐허들의 무덤이 펼쳐졌다.

인적이라곤 없는 곳에 혼자 앉아 있으니 기분이 묘했다. 웅웅거리는 바람 소리 너머로 검은 계곡들이 눈에 들어왔다. 아마 이 바람은 저곳을 넘어온 것이리라. 그 소리는 쓸쓸한 분위기와 겹쳐 왠지 한스럽다.

계단을 내려와 다시 길을 따라 걸으니 기둥들이 늘어진 곳에 도착했다. 오늘 아침에 봤던 자마 마스지드와 비슷한 곳이다. 방금 걸어온 길과 달리 여기는 지붕이 상당 부분 남아 있어 햇빛이 약하다. 그늘에 걸터앉아 잠시 숨을 돌렸다. 선글라스를 벗으니 느껴지는 강력한 황색, 햇빛과 세월의 영향일 것이다.

폐허 옆으로 난 샛길을 따라 밖에 나오니 더 많은 인도인 관광객들이 와 있었다. 한참 동안 정적 속에 있다가 사람들의 웃음소리를 들으니 다시 에너지가 솟았다. 구글 맵을 켜고 다음 목적지인 룹마띠 마할로 가는 길을 탐색하기 시작했다. 마을의 끝자락이다. 열심히 페달을 밟으면 30분 안에 도착할 수 있을 것이다.

자하즈 마할을 벗어나 반대 방향으로 페달을 밟았다. 아까 지났던 길을 타고 달리니 어느새 옆에 보이던 가게들은 사라지고 초록빛 밭들이 시작되었다. 바람에 찰랑거리는 갈대들을 보니 희열이 올라왔다. 이런 자유로움, 이런 고요함이 정말 그리웠다.

과거의 흔적은 밭도 피해 가지 않는다. 갈대들 사이에 서 있는 유적 하나가 눈에 들어왔다. 색은 다르지만 둘 사이의 위화감은 전혀 없었다. 누가 지은 것일까? 모양을 보니 무덤 같은데 갈대들에 완전히 둘러싸여 접근할 방법이 없었다. 이 작은 도시에 이름이 알려진 건축물만 열 가지는 되는데, 이름이 알려지지 않은 유적들은 인파에서 벗어나 풍경에 자연스레 스며들었다.

　초록 밭에서 바람을 쐬고 다시 자전거에 올랐다. 남는 게 시간이
니 자하즈 마할에 가기 전 주변의 유적들을 좀 더 둘러보기로 했
다. 가이드북에 소개된 게 다가 아닐 것이다. 길 주변을 기웃거리니
작은 표지판 하나가 보였다. 칠이 벗겨진 것으로 보아 오랫동안 관
리가 안 된 것 같다. 호기심에 이끌려 표지판이 가리키는 쪽으로
방향을 트니 길이 사라지고 논밭이 나타났다. 땅에 난 희미한 자국
을 따라 페달을 밟으니 울퉁불퉁한 자갈의 감촉이 온몸에 전해진
다. 인기척이 느껴져 뒤를 돌아보니 꼬마 세 명이 나에게 손을 흔들
고 있다. 손을 들어 흔들어 주니 꼬마들은 우렁차게 "하이!"를 외쳤
다. 이름 모르는 꼬마들의 인사에 지쳤던 몸에 다시 힘이 난다. 그
렇게 얼마를 더 달리니 논밭 끝에 폐허가 된 궁전이 나왔다. 오늘
봤던 다른 유적지와는 달리 관광객들이 하나도 없었다. 까맣게 변
한 외관과 군데군데 금이 간 것으로 보아 관리가 안 되고 있는 것
같다.

　홀로 즐길 수 있다는 생각에 콧노래를 부르며 안으로 들어갔다.
관리하는 사람조차 없다. 고요가 지배하는 아치들 사이로 계단 하
나가 눈에 들어왔다. 가까이 가서 보니 상태가 나름 괜찮았다. 계단
을 타고 위로 올라간 나는 지금까지 본 모든 것들을 깡그리 지워버
리는 풍경과 마주했다.

우리는 항상 무언가를 보며 살아간다. 책이든, 휴대폰이든 뭔가를 보고 있어야 안심이 되는 강박관념이 있다. 예쁜 곳에서는 휴대폰을 하기 바쁘고 바다를 앞에 두고도 책으로 눈을 가린다.

그런데 지금 눈앞에 펼쳐진 광경 앞에서 다른 것들은 거들떠보기도 싫었다. 끝이 안 보이는 곳까지 펼쳐진 초록빛 벌판! 그 앞에서 내 다리는 힘을 잃었다. 바로 그 자리에 앉아 선글라스를 벗었다. 노래도 틀지 않았다. 새가 지저귀는 소리가 들린다. 바람 소리가 느껴진다. 소리에 맞춰 갈대들이 촤아악 흘러가는 듯 넘실댄다.

입에서 웃음이 떠나지 않았다. 이게 진짜 행복이지 다른 게 행복인가? 단언컨대 미래에 과거를 회상한다면 한 치의 망설임 없이 내 20대 초반은 행복하게 지났다고 말할 수 있다. 인도와 지금 이 순간이 너무 사랑스럽다.

한 시간 정도 지났을까, 인기척이 느껴졌다. 뒤를 돌아보니 아까 길에서 만났던 관광객 부부다. 나는 충분히 즐겼으니 그들을 위해 자리를 비켜 주었다. 시계를 보니 세 시가 넘었다. 이젠 마지막 목적지 룸마띠 궁전으로 갈 시간이다. 풀이 우거진 논밭을 벗어나 다시 포장도로에 들어섰다. 쭉 늘어진 길을 따라 열심히 페달을 밟았다. 큰 연못 하나가 옆으로 스쳐 간다.

룸마띠 궁전에 들어서기 전 작은 가게 한 채가 보였다. 변변한 지붕도 없이 천 쪼가리를 얹고 영업하는 곳이지만, 달콤한 짜이 냄새가 발걸음을 붙잡았다. 자전거를 세우고 의자에 앉아 짜이 한 잔을 주문했다. 과거의 영광과 단절된 상황을 보여주듯 가게는 허름했다.

몇 분 후 작은 종이컵에 담긴 짜이가 나왔다. 인도 여행에서 짜이가 주는 힘은 위대하다. 방금까지 후들거리던 몸에 에너지가 돌아왔다.

짜이가 준 힘으로 언덕길을 올랐다. 멀리서 보았던 돌산이 가까이 보인다. 오늘의 마지막 목적지 룹마띠 궁전의 입구는 사진 찍는 인도 관광객들로 인산인해였다. 만두의 모든 인파는 이곳에 다 모인 것 같다.

안으로 들어가니 벽에 난 수많은 구멍이 눈길을 끌었다. 그중 하나에 들어가 봤다. 오늘 하도 놀라서 더 이상 놀랄 일이 없을 줄 알았는데 내 불찰이었다.

새파란 하늘에 떠다니는 구름 조각, 밑에 펼쳐진 계곡의 전경. 저 하늘 끝을 바라보며 주체할 수 없는 기쁨이 차올랐다. 바로 이거야! 그토록 그리웠던 인도의 파란 하늘, 나를 인도에 빠지게 했던 색감이 지금 눈 앞에 펼쳐지고 있다.

그날 만두의 하늘은 여러모로 깊은 인상을 남겼다. 2016년의 첫 인도행을 상기시켜 주었고 절대 잊지 않을 그림을 기억 속에 남겼다.

그리움을 채우고 숙소로 돌아가는 길, 해가 지고 있어서 가로수와 길이 황금빛으로 변했다.

다시 여기에 못 오더라도 괜찮다. 인도에 내가 안 가본 이런 지역들은 아직 많다!

5

마지막 고백
- Kolkata

달력을 보니 한국으로 돌아갈 날이 한층 가까워져 있다. 이번에 가면 언제 다시 올지 모른다. 마지막으로 인도를 떠나기 전, 오랫동안 마음에 품고 있던 돌덩이를 빼기 위해 콜카타를 다시 찾았다.

그 애를 처음 만난 건 2017년 2월이었다. 방글라데시 여행을 마치고 콜카타로 돌아온 날, 다음 목적지로 가기까지 시간이 너무 많이 남았다. 그렇게 만나게 된 페이스북 친구 아니샤. 매혹적인 눈에 긴 생머리를 휘날리며 걸어오는 모습을 보고 정신을 못 차렸다. 미인이 많은 나라 인도에서도 콜카타 여자들은 아름답기로 유명한데 가까이서 보니 정말 대단했다. 그녀는 말 그대로 사람을 빠지게 하는 눈매를 가지고 있었다.

헤어지고 나서도 우리는 연락을 유지했다(거의 항상 내가 먼저 연락했지만). 진심은 통한다고, 점점 얘기하는 횟수가 늘어나더니 어느새 다음 만남을 기약하고 있었다. 네 번째 여정에서 우리는 맥주바에서 다시 만났다. 이런 화끈한 면모! 이래서 내가 콜카타 사람들을 좋아한다.

그런데 입이 문제였다. 힌디어를 나름 잘하지만, 이 친구 앞에선 이상하게 입이 꼬인다. '뭐 해, 바보야? 빨리 대화를 이어가라고!'라는 뇌의 명령은 그녀의 긴 생머리와 까만 눈매에 빠져 흔적도 없이 사라졌다.

그날 못 한 마음속의 말은 어느새 돌덩이가 되어 마음을 짓눌렀다. 돌아오는 답이 어떻든 이걸 해결하지 않고서는 편히 인도를 떠날 수 없을 것 같다. 그래서 이번엔 장소 선정부터 심혈을 기울였다. 여자는 분위기에 약하다 하지 않았나? 길거리에 흔히 보이는 술집이나 식당이 아닌 호텔 루프탑 식당을 예약했다. 인도에서 지금까지 먹은 것들 중 가장 비싼 한 끼가 되겠다. 약속 전날 밤 마음은 처음 비행기를 타기 전처럼 두근거렸다. 지금까지 고백을 하면 항상 차이기만 한 내가 잘 해낼 수 있을지? 괜히 잘못되면 좋은 친구 사이도 무너지는 게 아닌지 걱정되었다.

다음 날, 우리는 인디안 뮤지엄(Indian museum) 앞에서 만났다. 매표소 앞에서 두리번거리다 나를 보고 손을 크게 흔드는 그 모습이 너무 귀엽다. 오늘 기필코 내 마음속의 말을 하고 말리라.

박물관 구경을 마치고 도착한 루프탑 식당은 지금껏 가본 모든 장소들 중 최고의 분위기를 자랑했다. 콜카타 시내가 사방으로 펼쳐졌고 나무 모양으로 조각한 유리 조명까지, 흥분한 우리들은 "와~ 와~" 거리기에 바빴다. 자리에 앉으니 종업원이 캔들을 켜 주었고 바람이 많이 부는데도 용케 꺼지지 않는다. 그 애와 이렇게 가까이 앉아 있는 순간이 꿈만 같았다. 부디 이 꿈에서 깨지 않았으면…….

주문한 칵테일이 나왔고 우리는 건배를 했다. 3개월 후에 내가 어디를 가는지 아니샤는 너무 잘 안다.

"한국 군대는 많이 힘들다고 들었는데 괜찮겠어?"

"나는 군대가 아니고 사회에서 봉사하는 거야. 한 달만 훈련받으면 돼."

이렇게 말하니 마지막이라는 게 더 실감이 났다. 지금, 바로 이 순간 말 못 하면 한국에 돌아가서 매일 후회하리라. 입으로 튕겨 나올 듯한 심장을 붙잡고 말을 이어갔다.

"근데 아니샤, 할 말이 있어."

"응, 뭔데?"

입이 떨어지지 않았다. '그냥 포기해? 아니야. 또 언제 만날지 몰라!'

"나…… 사실, 너를 정말 좋아한다. 친구 이상으로 좋아해."

이 말이 끝나고 내 시선은 길을 잃은 채 허공을 방황했다. 까만 눈동자를 쳐다볼 엄두조차 나지 않았다. 자, 이제 대답이 돌아오겠지. 승낙? 거절? 괜히 말했나?

"푸흡!"

웃음소리? 그린라이트인가? 아니면 이 상황이 너무 어이가 없어서?

"알고 있었어. 우리가 알고 지낸 지가 얼만데 내가 모르겠니? 그래도 우리는 지금처럼 친구로 지내는 게 괜찮을 것 같아."

또 거절이다. 그러나 마음은 훨씬 가벼워졌다. 언제 다시 올지 모르는 여정인 만큼 후회를 남기긴 싫었다. 커다란 돌덩이가 내려간 듯 속이 후련했다.

우리는 다시 칵테일 잔을 들고 건배를 외쳤다. 아름다운 너를 바라보며 마시는 잔은 최고였다. 모든 걸 지금 불어오는 바람에 훌훌 털어버리고 그저 즐기는 순간, 아니샤가 다시 입을 열었다.

"그래도 말하길 잘했어. 이런 얘기는 마음에 담아두면 안 돼. 한국 가서도 우리 전처럼 연락하자고."

눈매처럼 속까지 깊은 너란 친구를 둬서 정말 행운이다. 어쨌든 나는 떠나기 전의 마지막 소원(?)을 이뤘고 일말의 후회도 남기지 않았다.

잔을 비우자 하늘이 어두워져 왔다. 노란 조명이 켜졌고 우리를 둘러싼 도시가 빛에 반짝거렸다. 2017년 5월, 뿌네를 떠나기 전 마지막 날이 생각났다. 그때와 같은 풍경이 재현되고 있다는 것은 이곳에서의 날이 얼마 안 남았다는 표시다.

Epilogue
―

델리로 돌아간 나는 한국행 비행기에 몸을 실었다. 첫 귀국과는 달리 홀가분한 마음이다. 전에는 여행이 끝난 일상이 마냥 두려웠지만 지금은 그렇지도 않다. 일상이 있어야 새로운 여정이 설레는 법이다. 물론 저렴한 커리와 혼자 '멍 때릴' 수 있는 폐허는 없지만 활기찬 한강 공원이 있고 삼겹살이 넘쳐나는 한국 아닌가?

한국의 다람쥐 쳇바퀴 같은 일상은 처음에야 힘들었지만 금방 적응되었다. 기억 속 선명했던 인도의 색채는 시간의 흐름과 함께 점점 흐려져 갔다.

그리고 나는 대한민국 청년들이라면 한 번쯤은 거쳐 간 논산 훈련소에 들어갔다. 사방이 빡빡머리 청년들뿐, 볼 것도 없고 휴대폰도 없는 이곳의 일상은 매우 지루하다.

훈련을 마치거나 일과가 없는 주말은 그저 내무반 마루에 누워 있는 게 일. 열린 창문으로 고개를 빼내 하늘을 봤다. 도시와 떨어져 있어 유달리 맑은 하늘이었다.

잠시 눈을 감았다. 깜깜한 어둠 속 기억은 어딘가를 찾아 헤맨다. 어떤 목적지를.

다시 파란 하늘이 보인다. 어렴풋이 건축물의 윤곽이 보인다. 세월의 풍파에 색을 잃고 홀로 버려진 유적. 그곳을 나는 걷고 있다.

숨을 들이마셨다. 뭔가 타는 듯한 냄새가 코를 찌른다. 소똥 태우는 냄새…….

이 풍경, 이 장소, 이 냄새가 어디에 와 있는지를 알려준다.

기억은 다시 날았다. 또 시작되는 어둠 속 여정. 기억은 바람처럼 어딘가를 향해 달렸다.

인도는 그랬었지

분주한 길거리가 보인다. 딸랑거리는 종소리와 빵빵거리는 경적 소리, 코를 찌를 듯한 향신료 냄새, 연기를 피워 가며 고기를 굽는 가판대.

사람들이 보인다. 갈색 피부에 짙은 콧수염을 기른 사람들, 그들의 입에서 나오는 힌디어.

지금 인도에 와 있구나.

그들의 옷깃이 스치면 닿을 듯 가깝다. 지금 이 풍경, 이 역동성이 만져질 듯 생생하다.

눈을 뜨니 모든 게 연기처럼 사라졌다. 대신 보이는 회색 관물대와 "헛둘! 헛둘!" 하며 연병장을 도는 소리.

'이게 현실이지. 괜히 또 인도 생각을 해서…….'

그 기억들이 사라지는 게 아깝다. 사라지지 않도록 무슨 조치를 취해야 할 판이다.

논산 육군훈련소를 수료하자마자 원고 쓰기를 시작했다. 이십 대의 가장 아름다웠던 시간들, 델리의 웅장한 유적지들, 라자스탄의 황량한 풍경, 내일 걱정 없이 시골에서 지내던 날들, 라이푸르 학생들의 환대, 갠지스강의 가트, 콜카타의 골목, 햇살 가득한 캠퍼스 생활, 길에서 만난 수많은 사람들과 친구들, 안개 낀 아침에 마시는 짜이……. 이 모든 것을 책에 담아내니 홀가분하다.

한 달의 훈련소 생활을 마치고 나는 예정되어 있던 근무를 시작했다. 퇴근길, 가끔 하늘이 유달리 파란 날이 있다. 그럴 땐 걸음을 멈추고 하늘 끝을 바라보며 추억에 잠긴다.

'아, 그때 인도는 그랬었지.'

유적지 잔디에 누워서 바라보던 파란 하늘, 친구들과 걱정 없이 몰려다니던 날들, 풍경 속에 산책하며 보냈던 시간들……. 언제 다시 느낄 수 있을까?

인도는 그랬었지

작가의 말

인도가 '여유와 깨달음의 나라'냐고 물어본다면 글쎄……? 가까이서 본 인도 사회와 젊은이들의 삶은 오히려 한국보다 팍팍했으면 팍팍했지 여유롭지는 않았다. 인구가 워낙 많으니 항상 경쟁이 과열돼 있고, 아침 8시부터 밤 8시까지 휴가도 없이 주 6일 근무를 하는 친구들을 보면 '헬조선'이라는 단어가 무색해졌다. 스쳐 가는 여행자의 입장으로서 '멍 때리고' 보면 한없이 여유롭지만, 현지인들은 삶의 터전에서 바쁜 일상을 살아간다. 인도에 다섯 번을 갔는데도 인생을 바꿀 깨달음을 얻었냐 하면, 그것도 아니다. 거기도 사람 사는 곳이다. 피부색과 언어가 다를 뿐 사람 살아가는 모습이 인도라고 크게 다를까? 너무 큰 기대를 가지고 가면 실망하기 딱 좋은 나라가 인도다. 차라리 모든 마음을 비우고 아무런 기대 없이 가면 인도는 생각보다 좋을 수 있다. 물론 철저한 준비와 사기 유형 숙지가 바탕이 되어야 한다.

당신 기억 속 인도는 어떤 모습으로 남을지?

그 모습을 결정할 사람은 당신이다.